KB141536

직업상담사 The Job!

직업상담사 The Job!

초판 1쇄 발행 2023년 11월 25일

지은이   시니어TheJob연구소(서영선)
발행인   조상현
마케팅   조정빈
편집인   김유진
디자인   김희진

펴낸곳   더디퍼런스
등록번호   제2018-000177호
주소   경기도 고양시 덕양구 큰골길 33-170
문의   02-712-7927
팩스   02-6974-1237
이메일   thedibooks@naver.com
홈페이지   www.thedifference.co.kr

ISBN   979-11-61254-37-1 13320

더스 | 더디 | 더디퍼런스 | 마이북

직업상담사
The Job!

시니어THEJOB연구소 지음

더 디퍼런스

'직장'이 아니라
'직업'을 찾아주는 일

"결혼한 뒤 내내 살림하고 애들 키우다 보니 20년이 훌쩍 가더라고요. 이젠 내 일을 시작해 보려고요."

"요새는 옛날처럼 은퇴한 뒤에 취미생활만 하며 보낼 수 없는 시대잖아요? 아무래도 제2의 직업을 찾으려면 자격증을 따는 게 좋다는 생각에 시작하게 됐어요."

"은퇴하고 한두 해 여행 다니고 취미생활을 하며 보냈는데…. 그것도 한계가 오더라고요. 다시 일을 해보면 어떨까 고민하던 차에, 인사과에서 일한 경험을 이어서 직업상담사 교육을 받는 건 어떠냐는 제안을 받았어요.”

“제가 얼마 후면 은퇴를 하는데요. 오랜 기간 선생님
으로 일했던 경험을 살려서 직업상담 혹은 진로상담
컨설팅을 전문적으로 하는 회사를 차리는 게 어떨까
해서 직업상담사 자격증을 공부하기 시작했어요.

직업상담사 자격증 공부를 시작한 사람들의 이야기이
다. 이들은 연령대도, 성별도, 공부를 시작한 동기도 모
두 다르다. 직업상담사로 성공하겠다거나 관련 업체 창
업을 하겠다는 뚜렷한 목표를 지닌 사람도 있고, 막연히
미래를 위한 자격증 취득을 목표로 하는 사람도 있다.

직업상담사는 정부 주도의 국가취업지원제도를 통해
그 관문이 본격적으로 열린 지 10여 년이 지났다. 직업
상담사는 미래 직업으로 여전히 인기를 누리고 있으며,
특히 시니어들이 이전에 했던 일의 노하우를 적절히 살
릴 수 있는 직업으로 각광받고 있다. 제2의 직업을 준비
하는 중장년층, 은퇴 이후 재취업을 꿈꾸는 시니어들이
사회로 쏟아져 나오면서 직업상담사의 전문성이 더욱

요구되는 실정이다. 한 명의 직업상담사가 모든 연령의 상담을 도맡아야 했던 과거와는 달리, 시니어들을 전문적으로 상담하는 직업상담사를 뽑는 경우가 늘고 있다. 시니어들을 가장 자연스럽게 상대할 수 있는 전문 시니어 직업상담사를 두어 유연하고 효과적인 상담을 이끌어갈 수 있게 한 것이다.

특히 시니어 여성들은 출산과 육아를 통해 단련된 근성과 우수한 상담 능력을 바탕으로 성공적인 직업상담사로 자리매김하고 있다. 시니어 남성들도 다양한 모습으로 성장하고 있다. 수십 년간의 사회생활 경험과 노하우, 인맥이 그들의 큰 장점이다. 특히 이력서 작성이나 면접 컨설팅에 강점을 보인다. 폭넓은 인맥을 바탕으로 취업 특강을 하거나 분야별로 전문적인 취업 멘토를 연결해 주기도 한다. 아예 시니어를 대상으로 전문 컨설팅 회사를 차려서 특화된 서비스를 제공하기도 한다. 아직은 직업상담사의 역사가 길지 않은 편이기 때문에 뻗어나갈 분야가 많다는 것은 큰 장점이다.

이 책은 총 5장으로 구성되어 있다. 1장에서는 직업상담사가 미래 사회에서 살아남을 직업인지 전망해 보고, 과연 시니어들이 도전하기에 진입 장벽이 높지는 않은지를 다각도로 분석했다.

2장에서는 직업상담사가 어떤 직업인지 최대한 구체적으로 소개하기 위해 직업의 특징과 요구 능력, 구체적인 시험 준비는 물론 시험 합격 노하우 등을 모두 담았다. 또한 직업상담사로 취업하기까지의 과정, 취업 후 수행하는 구체적인 업무, 직업의 장단점, 직업상담사로 성공하기 위한 노하우까지 모두 풀어냈다.

3장에서는 직업상담사의 장단점을 제시하였고, 백문이 불여일견이라고 직접 직업을 체험해 볼 수 있는 방법을 내놓았다.

4장에서는 직업상담사를 채용하는 기관이나 단체, 회사 등을 소개했다. 5장에서는 직업상담사의 미래 전망과 성공 노하우를 제시하였다. 미래 시니어 직업상담사의 살갗에 스며드는 구체적인 정보를 제공해 과연 나에게 맞는 직업인지 아닌지 가늠해 볼 수 있도록 했다.

이 책은 시니어 직업상담사의 구체적 미래 전망을 예측하는 데 도움을 주려는 목적으로 쓰였다. 시니어 직업상담사들은 "사람들에게 '직장'이 아니라 '직업'을 찾아 줌으로써 구직자들과 함께 성장하고 행복해진다."라고 말한다. '일'이란 한 사람을 살리는 것은 물론, 그 사람의 가정에도 희망과 행복을 가져다준다. 일이 행복의 전부를 만들어줄 수는 없겠지만, 행복으로 가는 첫 단추를 꿰어준다.

한 사람의 미래를 함께 만들어가는 데서 보람과 행복을 느끼게 하는 직업, 직업상담사! 여러분도 이 책을 읽으며 그 보람과 행복을 함께 느껴보기 바란다.

시니어TheJob연구소

차례

1장

취미인 듯 직업인 듯

이제는
100세 시대

100년 전만 해도 나이 오십이면 '지천명'이었다. '하늘의 뜻을 아는 나이'라는 뜻으로, 자신이 세상에서 살아가는 존재 이유를 깨닫고, 세상의 이치 역시 선명하게 알 수 있는 나이라는 것이다. 과거 오십의 나이를 '지천명'이라고 한 까닭은 농경사회에서 사람의 평균수명이 불과 오십여 세에 불과했기 때문이다. 그러므로 오십이라는 나이는 그동안의 삶에 대해서 조망하고 죽음을 준비하는 나이였다. 그러나 현대사회가 빠르게 변화하고 발전하면서 외부 환경 못지않게 평균수명과 역할, 내면의 힘까지 모두 확연히 달라졌다.

긴 노후를 맞이하는 사람들의 불안

지난 시대와 달리 현대사회에서 오십은 중년에 해당하는 나이이다. 오십은 이제 100세 인생의 절반에 해당하는 나이, 제2의 인생을 준비하는 나이에 해당한다.

통계청의 〈생명표〉는 성별 기대수명을 나타내는 지표 중의 하나이다. 이 자료에 따르면 1970년대에만 해도 기대수명이 남자의 경우 58.7세, 여자의 경우 65.8세였다. 그로부터 50년이 지난 2020년에는 남자의 경우 80.5세, 여자의 경우 86.5세로 남녀 모두 기대수명이 20년 이상 증가했다.

이제는 돌발적인 사고나 특정한 질병이 생기지 않는 한 남녀 공히 80세 이상을 살아갈 수 있으며, 이후 기대수명은 더 높아지는 추세이다. 현대사회를 살아가고 있는 전 세대 연령층은 이젠 적어도 90~100세까지 생존할 수 있다는 것을 알고 있다. 기대수명은 현저히 늘어났으나 인간사회를 둘러싼 환경은 고연령층에게 그리 유리하지 않은 것이 현실이다.

우리나라 행정을 책임지고 있는 공무원의 경우, 2022년 현재에도 정년은 60세이며, 대다수 직장의 정년 또한 여전히 60세이다. 이는 현직에서 물러난 이후 적어도 40~50년간 생활하기 위한 노후 자금이 필요하다는 뜻이다. 그런데 고물가와 막대한 부동산 비용, 교육비를 감당하고 난 뒤 넉넉한 노후 자금을 확보하기란 녹록지 않다. 미처 넉넉한 노후 자금을 확보하지 못한 채 예상보다도 훨씬 긴 노후를 맞이하게 된 노년 세대들의 불안감은 더욱 커질 수밖에 없다.

누구나 은퇴 이후 빈곤층으로 전락할 수 있다

100세 시대의 도래가 누군가에겐 삶을 즐길 넉넉한 여유의 시간일 수도 있지만, 노후 준비를 미처 하지 못한 누군가에게는 '장수의 악몽'이 될 수도 있다.

우리나라의 고령화 속도는 세계 어느 나라보다도 빨라서 초음속제트기를 탄 것처럼 초고령사회를 향해 달려가고 있다. 2000년 노령 인구가 7퍼센트를 넘어가는 고령화사회가 된 뒤, 2017년 노령 인구가 14퍼센트 이상인 고령사회에 도달했으며, 2026년이면 고령 인구가 20퍼센트 이상을 넘는 초고령사회에 진입할 것으로 예측된다. 고령화사회에서 고령사회를 거쳐 초고령사회로 넘어가는 데 불과 26년이 걸릴 것으로 전망하는데, 이는 세계 최단기 고령화 속도이다.

초고령사회 진입을 목전에 두고 우리나라 노년층의 노후 준비 실태는 어떠할까? 현재 노년층의 한 달 생활비는 부부 기준 월 259~307만 원(NH투자증권 100세 시대 연구소 2022 중산층 서베이)으로, 성인 10명 중 6명은 생활에 필요한 노후 자금을 제대로 준비하지 못하고 있다.

통계청 자료에 의하면, 60대 이상 인구의 자산 구성은 전체 자산의 약 80퍼센트가 부동산으로 유동성에 취약하다. 국민연금, 개인연금, 퇴직연금 가입률은 약 28퍼센트에 불과하며, 낮은 연금 가입률로 인해 중산층의 절반이 은퇴 이후에 빈곤층으로 전락할 수 있다고 전망한다.

또한 현재 파산선고를 한 4명 중 1명은 60~80대의 노인층으로, 파산자 그룹에서 큰 비중을 차지한다. 노인 파산의 이유는 다음과 같다.

첫째, 늘어난 수명, 빨라진 퇴직 등으로 인해 노후 준비가 부족하다.

둘째, 65세 이상의 노령자 중 상당수가 오랜 기간

병치레를 하며, 경제적 어려움을 겪는다. 기본적으로 17~20년 정도로 장기간 치료를 받는 사람이 많아 의료비 부담이 파산의 중요한 원인 중 하나로 작용한다. 65세 이상의 노인층 평균 연간 진료비는 350만 원 이상으로, 노후 의료비로는 부담이 큰 편이다.

셋째, 경제적으로 독립하지 못한 자녀의 부양 비용 때문이다. 성인 자녀를 부양하는 노인 부모의 비율이 39퍼센트에 이르며, 성인 자녀 부양 비용은 월 737,000원에 이른다. 특히 가족주의에 치우친 우리나라의 사회적 상황이 노인 파산을 더욱 부추기는 요인으로 작용한다. 이는 OECD 국가 중 노인 빈곤율 1위의 불명예스러운 기록을 보유하고 있는 우리나라 현실을 여실히 보여준다.

불과 몇 년 뒤, 초고령사회로 진입하는 우리나라의 경우, 노인 파산과 노인 빈곤율을 해소할 획기적인 대책이 필요하다. 2026년, 인구 10명 중 2명이 65세 이상의 노년층에 속하게 되는데, 노후 준비를 하는 비율은 38퍼센트에 불과하다. 은퇴 연령에 해당하는 인구의 확실한 노후 대책이 필요하다. 기초노령연금 액수는 단독 수령

시 321,180원(23년 5.1% 인상됨), 부부 수령 시 517,080원
(2023년 기준)으로, 100세 시대 노후 대책으로는 턱없이
부족하다.

곧 초고령사회에 진입하는 우리 사회에 확실한 대비
책이 필요하다는 것은 누구나 느끼고 있는 문제이다. 이
때문에 정년 연장에 대한 사회적 논의가 조심스레 시작
되고 있으며, 60세였던 기존의 정년을 65세로 연장하는
방안이 논의 중이다. 한편 일각에서는 단순한 정년 연장
만으로는 노후 자금 문제와 부양 문제를 모두 해소할 수
없다는 점을 지적한다.

특히 우리나라의 경우 노령층의 증가와 인구절벽 문
제가 맞물려 있기 때문이다. 즉 노동력 부족 혹은 감소
사태를 모두 해소할 수 있는 현명한 대응책이 마련돼야
한다. 20~30대 젊은 층의 결혼 및 출산 기피 흐름과 노
동력 부족 문제가 궤를 같이하고 있다. 이 문제의 대안
으로 정년 연장·폐지·재고용 등 정년 이후에도 일하
기를 원하는 고령층을 노동시장으로 재투입하는 방안도
적극적으로 검토되어야 한다.

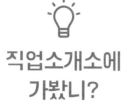

직업소개소에
가봤니?

잠깐 과거로 돌아가 보자. 직업소개소 혹은 인력상담소라고 쓰여 있는 간판을 절박한 표정으로 올려다본 한 사람이 구불구불한 계단을 따라 올라가 상담소 문을 두드린다. 그 문을 열고 들어가면 안경을 쓴 사장님이 뭐 때문에 왔느냐는 표정으로 방문객을 맞이한다. 일자리를 알아보러 왔다는 방문객의 말에 사장님은 어김없이 파출부나 건설 일용 노동직을 알선한다. 이 같은 지난날의 풍경이 익숙한 것은 미디어의 영향일지도 모른다. 드라마나 영화에 드러난 직업상담소나 인력상담소는 대개 이런 모습이었기 때문이다.

그러나 21세기에 들어서면서 노동환경이 변하고, '평생 직업'이라는 말은 이제 구세대의 유물로 전락해 버렸다. 따라서 새로운 직업을 찾거나 전직을 원하는 사람들의 수요가 폭발적으로 증가했다. 이전 세대에는 소수 계층의 전유물로 보였던 직업상담소나 인력상담소의 역할이 더 늘어났고, 전 세대 연령층을 대상으로 하는 전문적인 직업상담의 필요성도 더욱 절실해졌다.

전문적인 직업상담사가 왜 필요한가?

한 회사에 취직해 평생 몸 바쳐 일한 뒤 은퇴하고 자식들의 봉양을 받는 모습은 이전 세대의 이야기이다. 이제는 한 사람이 평생 4~5개의 직장을 거쳐가며, 젊은 층의 경우에는 자신에게 맞는 일자리를 찾아 수시로 옮겨 다니는 일이 트렌드처럼 나타나고 있다.

어디 그뿐인가. 바야흐로 100세 시대를 맞이하여 은퇴 이후에도 일자리를 찾거나 제2의 인생을 살기 위해 인생 2막을 준비하는 중장년층들의 구직 열망이 폭죽 터지듯 증가하는 것이 현실이다. 특히 우리나라는 2026년이면 초고령사회에 들어선다. 이에 따라 은퇴 이후

100세 시대를 준비하는 중장년층의 이직, 전직에 대한 갈망도 아주 크다.

4차 산업혁명의 도래로 사회 전 방향에서 혁신적인 기술이 빠른 속도로 일상생활에 적용되고 있다. 초 단위로 변화하는 사회의 이런 기술 발전 속도에 적응하지 못하는 기존 세대의 불안감은 갈수록 커지는 실정이다. 게다가 전 세계가 장기간 불황의 늪에 빠지면서 인공지능이 많은 직업을 대체할지도 모른다는 심리적 불안감은 다양한 세대, 다양한 연령층의 구직 불안증을 더욱 키우고 있다.

요즘 날마다 들르는 음식점에서도 로봇이 인력을 대체하는 풍경을 손쉽게 접하곤 한다. 로봇이 넘볼 수 없을 거라고 생각해 왔던 바둑 분야에서도 '알파고'라는 인공지능 로봇이 세계 최고 바둑 기사를 꺾는 충격을 인류에게 이미 선사했다. 그 이후 바둑, 체스, 장기의 인공지능 챔피언을 모두 꺾은 알파제로, 학습이 필요 없는 뮤제로까지 개발되었다. 그뿐 아니라 로봇이 결코 대체할 수 없을 거라 생각했던 소설, 미술 같은 창조의 영역까지 이미 인공지능을 통한 작업이 어느 정도 가능해졌다. 영화나 공상과학 소설에서 상상했던 일들이 현실로 실현될 가능성은 더 커졌지만, 그만큼 인공지능 로봇을 대하는 인류의 불안과 혼란도 커졌다.

수천 년간 인류의 진보가 개미가 담을 넘듯이 느리게 진행되어 왔다면, 최근 수십 년간의 변화는 인간 사회가 어떻게 달라질지 그 누구도 예측하기 어려울 정도로 광속 단위로 변화하고 있다.

사회 전반에 로봇이 배치되면 인간이 할 일이 줄어들기 때문에, 살아가는 데 필요한 최소한의 사회적 비용인 '기본 소득'을 정부가 제공해야 한다는 주장도 힘을 얻고 있다.

현대사회에서 직업은 여러 가지 의미를 지닌다. 첫째, 직업은 사람이 살아가기 위한 생활비를 버는 도구이다. 둘째, 직업은 사람이 사회생활을 영위하고 유지할 수 있는 기본 단위이다. 셋째, 사람이 자신의 가치를 실현하는 공적인 공간으로서의 역할을 한다.

직업이 지닌 여러 가지 이유를 생각해 볼 때, 직업은 사람이 생활하고 성장하고 가치 실현을 하는 도구로서의 긍정적인 기능을 수행하는 데 최적화된 산물이다. 사람은 자신에게 잘 맞는 직업을 선택해서 그 안에서 성장하고 발전해 나가는 즐거움을 만끽할 때 자신의 존재 가치와 이유를 찾는다.

이처럼 직업이 우리에게 미치는 영향을 고려할 때 현대사회에서 직업을 찾아주는 직업상담사 역할의 비중과 중요성은 커질 수밖에 없다. 따라서 직업상담사라는 전문 영역이 등장한 것은 현대사회의 급속한 변화와 관련이 깊다. 이전 세대에서 다소 협소한 역할만을 수행해 왔던 직업상담소와 인력상담소로는 충족시킬 수 없는 여러 분야, 전 세대의 직업상담을 해줄 전문 인력이 필요해진 까닭이다.

구시대 직업상담소나 인력상담소는 대부분 구직자의 성향이나 적성, 수행 능력 등을 폭넓게 고려하지 않고 한정적인 일자리만을 제공했다. 그러나 요즘 직업상담사는 확연히 다르다. 주로 구직자를 대상으로 취업을 지원하고 직업을 소개하는 직업상담사의 업무는 기존 직업상담소나 인력상담소가 했던 역할과 흡사하다. 다만 그 범위는 훨씬 광범위하다.

일용직이나 도우미 정도의 취업 알선이 기존 방식이

었다면 지금은 경비, 건설노동자, 운전기사, 식당 종사자 등 단순 인력부터 중견 간부급 이사, 전문경영인, 고급기술자 등에 이르기까지 다양한 구직자를 업체와 연결해 준다. 다시 말해 다양한 분야에서 일하려는 사람을 원하는 회사와 연결해 주는 역할을 한다.

기존 직업상담소가 제공하지 못했던 분야의 지원도 가능하다. 아직도 많은 사람이 자신의 흥미, 적성을 잘 모른다. 자신이 어느 분야에 가장 알맞고 가장 좋은 성과를 낼지 잘 모르는 경우가 많다. 스스로 자신의 적성을 잘 찾아내는 사람은 아주 적으며, 과연 그 직업을 수행했을 때 자신이 잘해낼 수 있을지, 직업 만족도가 높을지 어떨지를 잘 모른다. 한마디로 자신이 무엇을 좋아하는지 싫어하는지 잘 모르거나, 어느 분야에서 가장 잘할 가능성이 높은지 잘 모르는 것이다.

또한 그 직업에서 요구하는 수행 능력이나 전문적 고려 사항 등을 제대로 인지하지 못하는 경우도 많다. 따라서 직업상담사는 흥미와 적성 등을 고려한 직업 선호도를 조사하여 구직자의 성격, 흥미, 적성 등에 알맞은 직업을 소개해 주는 일을 한다.

직업상담사는 무슨 일을 할까?

　구직을 원하는 연령은 20대부터 60대 이상에 이르기까지 아주 광범위하다. 처음으로 취업을 하는 사람이 있는가 하면, 재취업, 전업, 은퇴 후 새 직업을 구하는 사람들도 있다. 이 중에는 이력서, 자기소개서와 같이 취업 지원에 꼭 필요한 서류를 잘 작성하지 못하는 사람도 있는데, 직업상담사는 이를 도와주기도 한다. 여타 다른 사람의 도움을 받지 못하는 사람들에게는 아주 실질적인 도움과 해결 방안을 준다.

　고용노동부의 주도하에 국민취업제도가 생기면서 직업상담사의 일손이 더욱 필요해졌고, 직업상담사들이 담당하는 업무 내용은 아주 중요해졌다. 그러나 직업상담사의 숫자가 절대적으로 부족한 실정이다. 취업이나 이직, 전직을 원하는 구직자들은 아주 많은 데다가, 한 명의 직업상담사가 담당하는 구직자 수가 상당한 만큼 일에 대한 부담도 비교적 큰 편이긴 하다.

　그럼에도 불구하고 직업상담사들은 구직자들에게 알맞은 일자리를 구해주려는 책임감으로 오늘도 분투하는 중이다. "선생님, 덕분에 좋은 일자리를 얻었습니다. 감사합니다"라는 말을 들을 때면 하루하루 벅찬 업무의 시름도 잊을 만큼 큰 보람을 느낀다.

직업상담사가 왜 로봇보다 뛰어날까?

취업은 한 사람을 살리는 길이다. 그런 만큼 자기 본연의 자리에서 더욱 신중하게 취업 활동을 도와주는 직업상담사는 아주 소중하고 가치 있는 일을 해나가는 사람들이다.

생사고락을 겪고 있는 구직자들의 절박한 마음을 날마다 상대하는 일이 그리 쉽지만은 않을 것이다. 그렇지만 취업을 성공적으로 성사시키고 난 뒤 느끼는 뿌듯함과 가치는 그 무엇과도 바꿀 수 없는 직업적 성취감을 준다.

어쩌면 인공지능 로봇이 사람들의 심리를 분석하고, 수많은 데이터를 활용해 구직자에게 맞는 직업을 직업상담사보다 더 잘 찾아줄 수도 있다. 그러나 대면상담과 직접 소통, 전화 통화 등을 통해 사람들의 심리를 직접 읽어내고, 그 상황에서 구직자들을 격려하거나 능력을 이끌어내는 일은 직업상담사가 더 잘할 것이다. 이는 인공지능 로봇이 인간을 대체하는 미래 사회에도 직업상담사가 꼭 필요한 이유 중의 하나이다. 아무리 수많은 데이터를 집어넣은들 인공지능 로봇이 한 개인의 복잡 미묘한 심리를 다 파악하고 대처하기는 어렵지 않을까?

직업을 원하는 구직자 중에는 불안과 무능감에 시달리는 사람도 있고, 취업에 실패할 거라는 부정적 생각에 시달리는 사람도 있을 것이다. 다른 한편으로는 취업 의지는 높으나 그에 알맞은 스펙이 부족해서 불안한 사람도 있을 것이고, 그저 구직촉진 수당을 받기 위해 하릴없이 상담을 받는 사람도 있을 것이다. 내밀한 자신만의 생각을 가슴 깊이 담아놓은 구직자들의 마음을 읽어야만 그 사람에 적합한 직업을 알선하거나 취업에 필요한 대책을 제시할 수 있다.

이처럼 복잡 미묘한 인간의 심리를 과연 인공지능이 파악하고 적시에 대처할 수 있을지는 의문이다. 불안과 무능감에 시달리는 사람에게는 확실한 조언과 심리적 위로를, 막연한 두려움을 지닌 사람에게는 자신감을, 스펙이 부족한 사람에게는 도전 의지를, 구직촉진 수당

받기만을 희망하는 사람에게는 취업 의지를 북돋아 주는 것이 직업상담사가 해야 할 역할 중의 하나이기 때문이다.

　로봇으로 대체 불가능한 영역 중의 하나가 심리 상담이다. 그와 마찬가지로 직업상담사는 단순히 직업 알선이 아닌 불안감과 무능감에 시달리는 구직자의 취업 의지까지 끌어올려야 하는 중요한 역할을 감당한다. 바로 그 점이 직업상담사가 미래 직업으로 각광받는 이유다. 세상에는 수많은 직업이 있지만, 일자리를 원하는 사람들에게 소중한 맞춤형 일자리를 제공해 주는 직업상담사의 가치는 미래에도 여전히 빛날 것이다.

다른 사람을 도와주는 것이
내 삶의 보람?

어느 날 국민배우라고 불리는 한 연예인이 태양이 작열하는 아프리카에서 뼈밖에 남지 않은 아이를 껴안고 공익광고에 나타났다. 그 연예인은 우리에게는 얼마 안 되는 돈이 이 아이들에게는 마실 물, 먹을 음식, 교육받을 학교를 지을 수 있는 크나큰 힘이 된다는 점을 호소해 시청자들에게 큰 반향을 일으켰다.

여기 또 다른 예를 보자.

상위 1퍼센트의 직업인 의사가 잘 다니던 병원을 그만두고 갑자기 훌쩍 다른 나라로 떠났다. 우리나라 의료 체계와는 비교도 할 수 없는 열악한 환경에서 환자들을 돌보던 의사가 담담하지만 절박한 어조로 호소한다. 우리나라에서는 거의 사라진 장티푸스, 수두, 말라리아 등으로 아직 죽어가는 아이들이 있다고 말한다. 의약품이나 제대로 된 의료 시설이 없어서 죽어가는 환자를 속수무책으로 바라볼 수밖에 없는 죽음의 환경을 전하며 도움의 손길을 청한다.

도대체 이 사람들은 왜 이런 일들을 하고 있을까?

국민에게 과분하다고 할 정도의 사랑을 받아온 연예인은 왜 갑자기 지구를 한 바퀴 돌아 아프리카로 떠났을까? 누구나 부러워하는 직업을 지닌 의사는 왜 갑자기 다니던 병원을 그만두고 다른 나라의 열악한 의료 환경 아래에서 고군분투하고 있을까?

직업상담사는 어떤 사람에게 어울릴까?

『논어』에 '인지상정(人之常情)'이라는 말이 나온다. 사람이라면 누구나 가지는 보통의 마음을 뜻하는 말이다. 한 어린아이가 우물에 빠졌다. 그러면 누구라도 그 아이를 구하기 위해서 노력할 것이다. 그것이 바로 사람이 기본적으로 지닌 성정, 즉 인지상정이다.

모든 사람의 마음속에는 자기 자신 위주로 생각하는 이기적인 욕망과 다른 사람들을 애달프게, 혹은 불쌍히 여기며 이타적으로 행동하고 싶어 하는 갈망이 공존한다. 이기적인 욕망과 이타적인 갈망이 항상 내면 안에서 갈등하며 어느 쪽이 더욱 발달하고, 이기느냐에 따라서 그 사람의 삶의 방향이 달라진다.

누군가는 평생 아끼고 모은 전 재산을 사회에 환원하고 삶을 마감한다. 자신이 평생 모은 전 재산을 기부하고 죽음을 맞이하는 흔치 않은 사람을 볼 때 평범한 사람들은 "참 대단하다!"라고 감탄하기도 하고, "도대체 저 사람은 왜 저럴까?"라고 궁금해하기도 한다.

나 혼자 잘 먹고 잘사는 것을 가장 중요한 인생의 가치로 생각하는 사람들이 일반적이다. 그러나 어떤 사람들은 다른 사람들을 돕고 봉사하는 것을 삶의 보람으로 생각한다. 이처럼 사람마다 중요하게 여기는 가치와 그 것을 실제의 삶에서 추구하는 성향은 모두 다르다.

우리가 알아볼 '직업상담사'라는 직업은 근본적으로 다른 사람들을 돕는 일에 좀 더 가치를 두는 성향의 사람들에게 어울리는 일이다.

우리는 보통 직업을 택할 때 기본적으로는 소득을 일 순위로 두지만 소득 단 하나만으로 그 직업을 꾸준히 유지하기는 어렵다. 우리는 직업을 통해서 여러 가지를 추구한다. 경제적으로 자립하는 것은 가장 기본적인 부분이고, 일을 통해서 자존감을 확립하거나 자아실현을 하는 부분 역시 직업의 소중한 가치 중의 하나이다.

직업상담사는 말 그대로 구직자들에게 적절한 직업을 소개해 주는 사람이다. 현대사회에서 직업이 우리 삶에 미치는 엄청난 영향력을 생각해 보면, 당장 일자리를 원하는 절박한 처지의 사람들에게 직업을 알선하는 일이 얼마나 중요한지는 두말하면 입 아플 정도이다. 그러나 상대를 헤아리는 민감함과 열의가 있어야만 해낼 수 있는 어려운 일이라는 점도 유념하자.

구직자에게 긍정적인 마인드를!

직업이 없어서 힘이 들 때, 당장 돈 한 푼 없어서 일자리가 절실할 때 마음이 얼마나 가난해지는지 경험해 본 적이 있을 것이다. 직업상담사는 절박하고 절실한 사람들을 날마다 마주한다. 그중에는 애절한 눈빛으로 직업을 정말 절실하게 구하는 구직자도 있다. 직업상담사는 절박하고 절실한 구직자에게 알맞은 일자리를 알선하기 위해서 고군분투하지만, 모든 구직자가 자신에게 꼭 맞는 일자리를 구하는 것은 아니다. 구직자가 만족하는 직업을 구하기란 하늘의 별 따기다.

직업상담사가 신중하게 고르고 골라서 선택하고 연결해 준 일자리임에도 불구하고 취업이 잘 안 되는 경우가 다반사다. 구직에 대한 기대감에 들떴던 구직자가 막상 불합격 소식을 듣고 축 처진 어깨로 발길을 돌릴 때 직업상담사는 안타까움과 실망감을 함께 느낀다.

그렇지만 실망한 구직자들의 마음을 다독이고 그들에게 재도전할 의지를 불어넣어 주는 것도 직업상담사의 역할 중 하나이다. 어떤 사람은 불합격 소식을 듣고도 곧 일어나서 씩씩하게 다음에 더 잘할 수 있다는 의지를 불태우지만, 어떤 사람은 "난 역시 안 돼!" 하며 절망의 늪에 빠져서 허우적대기도 한다.

직업을 구하는 일은 언제나 긍정적이지만은 않다. 이력서 수백 통을 넣고도 기대와는 달리 족족 불합격 소식만 듣는 경우도 종종 있다. 그러므로 구직자의 취업은 항상 어려울 수 있다는 점을 마음에 깊이 새기고, 어떻하든 취업의 문을 계속 두드리면 그 문이 언젠가는 열릴 거라는 긍정적인 마인드를 유지해야 한다. 직업상담사는 실망한 구직자에게 긍정적인 마인드를 불어넣어 주고, 구직자가 다시 힘을 내서 재도전할 수 있도록 도움을 주어야 한다.

직업상담사는 본인의 실망감을 얼른 털어내고 구직자들에게 새로운 꿈과 희망, 비전을 제시해야 한다. 구직자가 이전 구직 활동에서 왜 실패했는지를 철저하게 분석하여 다른 방향으로 전환을 시도하거나, 새로운 취업 정보를 제시해서 다시 도전할 수 있도록 도움을 주어야 한다.

구직자와 함께 울고 함께 웃는 직업

구직자 중에는 두세 번의 도전만으로 성공하는 운 좋은 사례도 있지만, 몇 개월이 지나도 취업하기 어려운 사례도 있다. 그럴 때는 구직이 되지 않는 문제가 무엇인지를 살펴서 종합적인 판단을 내려, 추후 그에 걸맞은 해법을 제시해야 한다. 직원을 구하는 회사의 취업 담당 직원과 잘 소통하여 그 회사에서 원하는 직원의 요건을 꼼꼼히 파악해야 한다. 직업상담사가 주도면밀한 탐색 과정을 통해서 회사에서 원하는 조건을 갖춘 구직자를 연결해 주었을 때 성공 가능성이 더욱 커진다. 수개월간의 노력으로 구직자와 회사를 잘 연결함으로써 결국 구직자와 회사 모두 윈윈하는 성공적인 매칭을 하고 나면, 직업상담사의 만족도는 더욱 높아진다.

직업상담사는 구직자들과 함께 울고 함께 웃는다. 구직자들이 느끼는 어려움과 현실의 벽을 접하고 그 앞에서 함께 통곡할 수밖에 없다. 그런데도 힘을 내서 도전해 보자고 설득하고 구직자들을 돋보이게 만들기 위해서 쓴소리나 조언을 아끼지 않는다. 텁수룩한 머리, 지저분한 차림새, 똑 부러지지 않은 말투 등 불리한 첫인상 바꾸기부터 이력서 쓰기, 면접 시 유의점 등 세부적인 항목에 이르기까지 직업상담사들의 손길이 닿지 않는 곳이 없다.

직업상담사는 부지런해야 하고, 일 처리도 정확해야 하며, 상담 기술도 습득해야 한다. 상대방을 긍정적인 마음을 좌절하지 않도록 인내심과 배려심을 동시에 갖추어야 한다. 어떤 면에서는 정말로 쉽지 않은 일이다.

그럼에도 희로애락을 함께 겪던 구직자가 원하는 회사에 취업했을 때 직업상담사가 느끼는 기쁨, 즐거움, 뿌듯함, 보람은 말로 이루 다 표현할 수 없다. 실제로 현직에 있는 직업상담사가 가장 큰 보람을 느끼는 순간은 자신이 담당한 구직자가 취업에 성공했을 때라고 한다. 항상 잿빛 우울을 달고 살던 구직자 얼굴이 밝아지며 "정말 고맙습니다, 다 선생님(구직자들이 직업상담사를 부르는 칭호) 덕분이에요!"라고 할 때다. 그러므로 남의 일을 돕는 것이 즐거운 사람, 남을 도울 때 보람을 느끼고 뿌듯함을 느끼는 사람, 여러 가지 어려움과 괴로움을 겪고도 그 사람의 합격과 성공을 자기 일처럼 기뻐할 수 있는 사람이 직업상담사에 어울린다.

직업상담사는 다른 사람을 도울 때 즐거움과 행복감을 느끼고 그 일에 최선을 다할 수 있는 사람이 잘할 수 있는 직업이다. 구직자의 일을 자기 일처럼 생각하고 그 사람을 돕기 위해 날마다 고민하고 구인 사이트와 서류를 뒤적이고, 구인 회사에 꼬치꼬치 캐묻고 구직자에 대한 장점을 열심히 홍보해서 마침내 적합한 매칭을 해주는 사람이어야만 자기 직업에 열정과 만족을 느끼고 최선을 다할 수 있다.

누구에게나 남보다는 자기 자신을 먼저 생각하는 이기심이 있지만, 그래도 세상은 다른 사람을 위해 자신의 시간과 노력을 아낌없이 내어주는 사람을 존경하고 우러러본다.

남을 도우면서 행복한 사람, 나보다도 남을 돕는 데 더욱 열심인 사람, 그런 일을 통해 자아실현을 꿈꾸는 사람에게 직업상담사는 좋은 직업이 될 수 있다.

직업상담사,
시니어가 정말 할 수 있을까?

　직업상담사가 되려면 국가공인자격증이 필요하다. 이 직업을 얻기 위해서는 당연히 자격증 시험을 보아야 한다. 1차 필기시험, 2차 실기시험으로 나뉘는데, 시험이 아주 쉬운 편은 아니다. 수개월은 굳게 마음을 먹고 공부해야 자격증을 취득할 수 있다. 자격증을 취득하고 난 뒤는 일반 취업과 비슷한 과정을 거친다. 눈을 부릅뜨고 구인 광고를 들여다봐야 하고, 이력서를 써야 하고, 면접을 봐야 한다. 다만 과거와 달리 수시로 전직이나 이직을 하는 사람들이 기하급수적으로 늘어나고 있어서 직업상담사에 대한 수요는 늘 있고, 더욱 가파르게 늘어날 것으로 예측된다.

근무 환경은 어떨까?

구인 사이트를 뒤적이다 보면 직업상담사를 뽑는 구인 광고를 한 번쯤은 접한 적이 있을 것이다. 그만큼 구인 광고에 수시로 등장하는 직업 중의 하나가 직업상담사이다. 직업상담사 자격증을 보유한 사람만 채용하므로 왠지 쉽게 접근하기 어려운 직업이라는 생각도 들고, 조금은 호기심도 느꼈을 것이다. 사람들을 대상으로 직업상담을 해주는 역할이니 사무실에서 근무할 것이고, 근무 환경 역시 그리 악조건은 아니란 생각이 든다.

직업상담사가 대체로 사무실에서 근무하는 직업임은 분명하다. 주로 사무실에서 근무하고 가끔 외근을 한다. 매달 각 직업상담사에게 주어지는 할당량이 있고, 아침에 출근하면 그날 몇 명의 구직자와 상담해야 할지 미리 계획해야 한다. 누구나 상황이 다르듯이 구직자들 역시 각각 처한 조건이나 상황이 천차만별이다. 따라서 나이, 신체조건, 학력, 신입인지 경력직인지 해당 직업에 맞는 조건을 고려하여 맞춤 해결 방안을 제공해야 성공 확률이 높아진다. 구직자별로 구직을 위해 직업상담사가 해 주어야 할 일 역시 모두 다르다. 따라서 직업상담사는 구직자와 원하는 조건에 대해 진솔하게 의사소통한 뒤, 가능한 한 구직자의 조건에 맞는 직장을 알선하기 위해 노력해야 한다.

성공률로 평가받는다

직업상담사 역시 평가를 받는다. 구직자의 취업 성공률이 얼마나 되느냐가 평가 기준이 되므로 직업적 스트레스가 만만치 않다.

직업상담사는 구직자를 취업시키는 것이 본래의 역할이므로 실적에 대한 부담감이 꽤 크다. 게다가 직업상담사를 고용하는 기관은 고용노동부의 위탁을 받아 사업을 진행하는 경우가 대부분이므로, '취업률'이라는 눈에 보이는 실적으로 평가받을 수밖에 없다. 상위기관이 직업상담사 바로 옆에서 일을 지켜보는 것은 아니기 때문에 취업 인원과 취업률이라는 양적인 실적지표로 직업상담사를 평가할 수밖에 없다.

직업상담사의 취업 실적은 사업 특성에 따라 보고 시

기가 다르다. 예를 들어, 2021년 국민취업지원제도는 10월까지의 고용보험 가입자 기준이므로, 취업을 했다고 해도 10월까지 고용보험에 올라가지 않는다면 실적으로 인정되지 않는다. 늦어도 9월까지는 구직자가 취업에 성공해서 고용보험에 가입해야 하는 것이다. 또한 국민취업지원제도와 같은 정부 지원 사업은 취업 성과를 내지 못한다면 다음 해에 위탁을 받을 수 없으므로 실적 압박이 늘 따른다.

관할 고용센터 역시 실적이 낮으면 해당 지역 내 정부 지원 사업이 제한되기도 한다. 그러므로 위탁기관의 실적만 좋다고 해서 해결될 문제가 아니라, 고용센터 실적 역시 함께 올라야 결과적으로 많은 사업을 유치할 수 있다. 그렇지만 취업 실적은 단순히 직업상담사의 의지나 해결 능력만으로 그 결과를 낼 수 있는 것이 아니기 때문에, 현직 직업상담사들이 압박감과 스트레스를 받는 원인 중 하나가 되곤 한다. 그러나 어느 직업에나 스트레스는 있으므로 이것 때문에 미리 부담을 가질 것까지는 없다.

노동강도가 센 편이다

직업상담사는 각자 구직자 할당을 받는다. 그 할당량은 센터별로 모두 다르다. 매뉴얼에는 상담사 한 명이 담당하는 최대 인원을 100명으로 제한했지만, 현실적으로는 그렇지 않다. 센터별로 그 인원이 60명이 될 수도 있고, 100명을 선회할 수도 있다. 구직자 인원을 상담사 마음대로 정할 수 없기 때문에, 센터에서 주는 대로 담당해야 한다.

한 직업상담사가 담당해야 할 구직자 인원도 벅찬 수준이지만, 매뉴얼대로 해야 하는 노동강도 역시 센 편이라는 점이 어려움 중 하나이다.

상담사는 구직자와 기본 상담을 진행해야 하며, 상담을 진행하고 나면 '고용안정정보망'이라는 전산 프로그램에 참여자와 그날 상담한 내용을 입력해야 한다. 상담 내용 입력은 가장 기본적인 업무 중의 하나이다. 직업훈련 서류 작성, 직업훈련 상담은 물론 이력서와 자기소개서 클리닉과 취업 알선, 동행 면접까지 직업상담사의 업무에 포함된다. 또한 구직자들이 궁금해하는 문의 사항을 수시로 응대하는 등 여러 업무를 동시다발적으로 진행한다.

직업상담사는 대체로 정부나 지방자치제의 위탁기관에 고용된 형태이므로, 그에 따르는 크고 작은 행정업무가 줄줄이 이어져 있다. 그 때문에 10여 가지에 이르는 모든 업무를 매번 전산에 입력해야 한다. 이런 번거로운 작업을 모두 수행하는 데 따르는 행정업무 시간이 무척 긴 편이다. 이를 처리하는 데 드는 물리적인 노동시간이 직업상담사 업무를 더욱 힘들게 만든다.

스스로 헤쳐 나가고 끊임없이 공부해야 한다

직업상담사가 힘든 점 중의 하나는 처음 일을 시작할 때 지도해 줄 선임이나 선배를 만나기가 어렵다는 점이다. 규모가 큰 센터의 경우에는 센터장이나 기관장이 있고, 동료 직업상담사도 있으므로 직업상 애로나 해결책에 대한 조언을 구할 수 있다. 그러나 소규모 센터에서는 직업상 조언을 들을 시간적 여유가 없거나 동료 직업상담사나 선임이 없기 때문에 스스로 업무를 이끌어 나가야 한다. 특히 처음 이 길에 들어선 신임 직업상담사의 경우에는 처음 접하는 시스템을 조작하는 일부터 난

관에 부딪힌다. 자신이 해나가는 업무의 방향성이 맞는지 고민할 때도 스스로 결단해야 하므로 어려움에 직면한다.

직업상담사의 역사가 그리 길지 않기에 직업적 조언을 구할 사람이 많지 않다. 그 때문에 처음 직업상담사 일을 시작한 많은 사람들이 스스로의 한계나 방향성 설정 앞에서 고민을 한다. 그 점을 타개하기 위해서는 스스로 헤쳐 나가고 끊임없이 공부해야 한다. 자신의 성장 가능성과 발전에 직업적 방점을 찍는 사람들이라면 버겁더라도 끝까지 잘할 수 있다.

미래 전망이 밝고 보람을 찾을 수 있는 일

현대사회에서 많은 직업이 사라졌고, 미래에 남을 직업 역시 그리 많지 않다는 건 누구나 짐작할 수 있다. 그렇지만 직업상담사의 미래 전망은 밝은 편이다. 평생 직업을 당연시했던 이전 세대와는 달리 수많은 직업을 전전하는 MZ세대는 물론 제2의 직업을 준비하는 중장년층에게 전직이나 이직 등 취업 이슈는 더욱 중요하다. 그만큼 직업상담사의 역할과 중요성은 더욱 커질 것이다.

취업 관련 센터들은 앞으로 더욱 늘어날 전망이고, 그에 따라 직업상담사의 수요 역시 더욱 늘어날 수밖에 없다. 따라서 직업상담사는 전망이 밝고, 구직자들의 취업을 통해 보람을 찾을 수 있는 좋은 직업임이 분명하다.

[직업 테스트]
내가 직업상담사와 어울릴까?

직업상담사는 나에게 어울리는 직업일까? 다음 내용을 읽고 나한테 적합한 직업인지 테스트해 보자!

- 나는 자격증 공부를 두려워하지 않는다. ········ ☐
- 6개월간 자격증 공부를 꾸준히 할 수 있는
  인내심이 있다. ·· ☐
- 낯선 사람과 통화하거나 대화하는 것을
  불편해하지 않는다. ································· ☐
- 다른 사람과 상담하는 일을 잘할 수 있다. ····· ☐
- 다른 사람을 돕는 일에 보람을 느낀다. ··········· ☐

- 취업에 대한 정보를 제공하거나 숙지하는
  일을 잘할 수 있다. ⋯⋯⋯⋯⋯⋯⋯⋯⋯⋯⋯ ☐
- 이력서, 자기소개서 컨설팅 능력이 있다. ⋯⋯⋯ ☐
- 사교적인 성격이다. ⋯⋯⋯⋯⋯⋯⋯⋯⋯⋯⋯⋯ ☐
- 낯을 가리지 않는다. ⋯⋯⋯⋯⋯⋯⋯⋯⋯⋯⋯⋯ ☐
- 타인과 이야기하는 것을 좋아한다. ⋯⋯⋯⋯⋯ ☐
- 인터넷 조사를 즐긴다. ⋯⋯⋯⋯⋯⋯⋯⋯⋯⋯⋯ ☐
- 컴퓨터 활용 능력이 있다. ⋯⋯⋯⋯⋯⋯⋯⋯⋯ ☐
- 모의 면접 응용 능력이 있다. ⋯⋯⋯⋯⋯⋯⋯⋯ ☐
- 여러 직업에 대해 파악하는 능력이 뛰어나다.⋯ ☐
- 타인과 공감하는 능력이 있다. ⋯⋯⋯⋯⋯⋯⋯ ☐
- 사람에 대한 종합적 판단 능력이 있다.⋯⋯⋯⋯ ☐
- 타인과의 소통이 원활하고 적극적이다. ⋯⋯⋯ ☐
- 여러 사람 앞에서 브리핑이나 특강을
  할 수 있다.⋯⋯⋯⋯⋯⋯⋯⋯⋯⋯⋯⋯⋯⋯⋯⋯ ☐
- 타인의 이야기를 잘 듣고 공감할 수 있다. ⋯⋯ ☐
- 이미지 컨설팅에 관심이 있다. ⋯⋯⋯⋯⋯⋯⋯ ☐
- 타인에 대해 편견 없는 이해심이 있다.⋯⋯⋯⋯ ☐
- 타인을 친절하게 대한다.⋯⋯⋯⋯⋯⋯⋯⋯⋯⋯ ☐

- 타인의 문제를 해결하려는 적극적인 태도를
  지닌다. ……………………………………… □
- 타인을 지속해서 성장시키려는 의지가 있다. ⋯ □

● 직업상담사 직업 테스트 결과

- **1~6개**: 직업상담사로는 적합하지 않습니다. 다른 직
  업을 고려해 보세요!

- **7~10개**: 직업상담사로서 딱 절반! 그러나 적성이 아
  예 없는 것은 아닙니다. 조금만 더 긍정적인 시선을 지
  니세요!

- **11~16개**: 직업상담사로 일하기 좋습니다. 비교적 맞
  는 직업이니 직업상담사로 일하는 걸 고려해 보세요!

- **17~25개**: 타인과 공감 능력 100퍼센트! 직업상담사
  를 당장 준비하세요.

2장

어렵지만 도전합니다

직업상담사는
어떤 직업이지?

학교에 다니면서 취업 관련 상담을 받아본 적이 있는가? 구직수당이나 실업급여를 받아본 일이 있는가? 혹은 직업훈련학교 국비 지원을 받기 위해 기관에 간 적이 있는가? 복지 관련 센터나 일자리센터에서 취업상담을 받아본 일이 있는가?

우리가 찾아간 그곳에서 취업 관련 상담을 해주거나 국비 지원에 대한 안내를 해준 바로 그 사람이 직업상담사이다. 직업상담사는 직업 관련 상담, 취업 정보 제공, 취업 관련 컨설팅, 직업훈련 정보 등을 제공해 주는 사람이다.

'한국산업인력공단'에서 설명하는 직업상담사의 정의는 다음과 같다.

직업상담원이 수행하는 업무는 상담업무, 직업수행업무, 직업 관련 검사 실시 및 해석 업무, 직업지도 프로그램 개발과 운영 업무, 직업상담 행정업무 등으로 구별지을 수 있다. 주요 상담업무에는 근로기준법을 비롯한 노동관계 법규 등 노동시장에서 발생하는 직업과 관련된 법적인 사항에 대한 일반 상담을 비롯해 구인·구직상담, 창업상담, 경력개발상담, 직업적응상담, 직업전환상담, 은퇴 후 상담 등의 각종 직업상담이 있다.

직업상담원은 구직자들이 그들의 교육, 경력, 기술, 자격증, 구직 직종, 원하는 임금 등을 포함한 구직표를 정확하게 작성하도록 도와주며 적성, 흥미검사 등을 실시하여 구직자의 적성과 흥미에 알맞은 직업 정보를 제공하고 청소년, 여성, 중·고령자, 실업자 등을 위한 직업지도 프로그램을 개발하고 운영한다.

그리고 취업이 곤란한 구직자(장애인, 고령자)에게 보다

많은 취업 기회를 제공하고 구인난을 겪고 있는 기업에
다양한 인력을 소개하기 위하여 구인처 및 구직자를 개
척하기도 한다.

이처럼 직업상담사는 취직이나 전직을 원하는 구직자
들과 일할 사람을 원하는 기업을 연결해 주는 중간다리
역할을 한다. 구직자들에게 취업 정보를 제공하는 것은
물론 적성검사, 이력서 작성, 면접 등의 컨설팅을 종합
적으로 담당하기도 한다. 또한 청소년, 중고령자, 실업
자 등을 위한 직업지도 프로그램을 개발하고 운영한다.

자, 지금부터 직업상담사가 담당하는 업무를 구체적
으로 알아보자!

직업상담사라는 직업의 특징과 요구 능력

직업상담사가 해야 할 일반적인 업무는 다음과 같다. 직업상담사가 일상적으로 수행하는 업무는 크게 세 갈래로 나뉜다. 구직을 원하는 내담자의 전반적인 취업 컨설팅, 실업자에게 지원되는 구직촉진 수당 관련 업무, 취업이나 이직 전직을 원하는 내담자에게 수행하는 직업훈련 등이다.

● 국민취업제도에서 직업상담사의 임무 개괄

　① 기본 필수 상담

② 적성검사 실시

③ 취업 알선

④ 이력서와 자기소개서 클리닉

⑤ 모의 면접 혹은 동행 면접

⑥ 취업 지원 종료 처리 후 사후관리 월 1회

⑦ 구직촉진 수당 1~6회 차까지의 수당 서류 작성

⑧ 구직촉진 수당 2~6회까지(최소 월 1회 상담)

⑨ 월 구직활동 2회 이행 관리

⑩ 6회 구직촉진 수당 종료 후 정보 제공 월 2회

⑪ 직업훈련 상담

⑫ 직업훈련 서류 작성

⑬ 국민내일카드 발급 서류 작성

⑭ 매월 직업훈련 출석 관리

⑮ 직업훈련 변경 및 추가 시 상담 및 서류 작성

⑯ 기타 문의 사항 수시 응대

첫째, 1~6번은 전반적인 구직자 취업 컨설팅에서 다루는 부분이다. 기본 필수 상담에서는 구직을 원하는 내담자와 상담 약속을 잡고, 내담자가 센터에 방문하면 상담하여 내담자의 성향, 스펙, 원하는 구직처 등을 파악해야 한다. 처음 기본 필수 상담을 진행한 뒤 내담자에게 필요한 취업 컨설팅 방향을 체계적으로 잡을 수 있다.

직업상담사는 구직자가 자신의 성향이나 구직 방향을 정확히 인식하지 못했을 때 적성검사를 통해 알맞은 취업처의 방향을 잡는다. 그 뒤 직업상담사는 구직자에게 적합한 회사를 찾아 논의한다. 직업상담사가 알선한 취업처가 마음에 들었을 경우, 구직자는 서류전형과 면접을 준비한다. 만약 이 준비가 미흡하거나 도움이 필요한 경우에는 직업상담사가 이력서, 자기소개서, 모의 면접, 동행 면접 등의 클리닉을 제시해 준다. 구직자가 취업에 성공한 뒤 직업상담사는 월 1회 성공적인 직장생활을 하고 있는지 사후관리를 하여 전반적인 취업 컨설팅을 해준다.

둘째, 7번~10번은 실업자의 구직촉진 수당 관련 업무 부분이다. 실업자의 경우 대부분 총 6회의 구직촉진 수당을 받을 수 있는데, 직업상담사는 이와 관련한 전반적인 관리 업무를 진행한다. 총 6회에 걸친 구직촉진 수당 서류 작성은 물론 월 2회 이상 구직자가 진행하는 구직 활동 이행 관리를 해야 한다. 또한 구직촉진 수당 종료 후 월 2회에 걸쳐 취업 관련 정보를 제공하는 등 사후관리도 필수다.

셋째, 11~15번은 직업훈련 관련 업무 부분이다. 구직자가 취업, 이직, 전직 관련 직업훈련을 원할 때 이와 관련된 업무를 수행하는 것이다. 직업상담사는 구직자와 상담을 통해 적절한 직업훈련 과정이나 직업훈련 기관을 소개한다. 그 뒤 직업훈련 관련 서류를 작성하고, 구직자에게 알맞은 국민내일배움카드 발급 서류를 작성한다. 직업훈련을 받고 있는 구직자가 성실히 교육을 받고 있는지 출석을 관리하는 업무도 직업상담사가 해야 할 몫이다. 만약 구직자가 직업훈련 변경 및 추가를 요청했을 경우, 상담을 통해 새로운 직업훈련을 안내함과 동시에 서류 작성 업무를 해야 한다.

이 밖에도 직업상담사는 취업 관련 문의, 구직자들의 지속적인 상담 요청, 국민내일카드에 관한 안내 등 기타 문의 사항을 수시로 응대한다.

상담은 직업상담사의 시작이자 마지막

앞에서 본 것처럼 직업상담사가 감당해야 하는 업무의 범위는 포괄적이다. 그러나 그 가운데서도 직업상담사가 가장 우선순위에 두고 해야 할 일은 일자리를 구하는 구직자와 일할 사람을 원하는 기업의 효과적인 매칭이다. 구직자의 취업률을 높이기 위해서는 가장 먼저 구직자와 대면상담을 해야 한다.

직업상담사는 한 구직자와 여러 번 대면상담을 진행하면서 그 사람이 지닌 잠재력과 의지 등을 종합적이고 다각적으로 파악해야 한다. 이를 구체적으로 알아보기 위해서는 나이, 교육, 경력, 기술, 자격증, 구직 직종, 원하는 임금 등의 구체적인 정보를 먼저 살펴보아야 한다. 그런 다음 그 사람이 지닌 전체적인 이미지, 성향, 성격, 직업 선호도, 취업 의지 등을 정확하게 파악하고 고려해야 한다.

이를 위해서 직업상담사는 한 구직자와 여러 번 대면상담을 진행하며, 구직촉진 수당 신청에 이르기까지 긴밀한 관계를 맺게 된다. 구직자와 열린 상담을 진행해야 취업 성공률이 높아져서 성공적인 취업 열차에 승차할 수 있다.

소통 능력이 가장 중요하다

직업상담사는 구직자와 통화 및 대면상담을 통해 늘 소통한다. 직업상담사의 하루는 예약 상담자와 전화 통화를 하는 것으로 시작된다. 국민취업지원제도가 정착되면서 이를 통해 상담을 접수하는 사람들이 기하급수적으로 늘어나고 있다. 이때 직업상담사는 상담자와 초기상담 일정을 잡는 것으로 첫 업무를 시작한다.

● 전화 상담 예시

"안녕하세요, OOO 님이신가요? 저는 국민취업지원제도 상담사 OOO입니다.

초기상담 일정으로 전화를 드렸습니다. 지금 통화 가능하실까요?"

이로써 상담자와 첫 소통의 물꼬를 튼 셈이다. 초기상담 일정 약속을 잡고, 상담센터의 위치 등의 정보를 제공하면 첫 소통을 성공적으로 진행한 것이다. 자, 이제

본격적으로 직업상담사의 업무가 시작되었다. 이제 내담자와 대면상담을 통해 내담자의 성향, 직업 선호도, 취업 의지 등을 알아보아야 한다.

국민취업지원제도를 통해서 센터에 상담을 오는 참여자는 크게 두 유형으로 나뉜다. 취업을 절실하게 원해서 상담하러 오는 사람들이 대부분이지만, 그중에는 취업보다 6개월간 정부에서 지원하는 구직촉진 수당에 더 관심을 보이는 사람들도 있다. 한마디로 제사보다는 잿밥에 더욱 관심이 있는 부류이다. 후자와 같은 부류의 경우에도 직업상담사는 꾸준한 상담을 통해 구직자의 취업 의지를 끌어올려 주어야 한다.

초보 직업상담사가 토로하는 가장 큰 어려움 중의 하나는 다른 성향과 특성이 있는 내담자들에게 어떻게 맞춤형 직업을 알선해서 성공시킬지에 관한 부분이다. 직업상담사로서 수많은 상담을 거쳐서 자신만의 데이터를 어느 정도 축적하고 나면 첫 대면상담에서 구직자의 유형을 어느 정도 가늠해 볼 수 있다.

직업상담사는 내담자와 상담을 통해서 내담자의 취업 의지, 스펙, 원하는 취업처를 파악하고, 그다음에는 이력서 작성과 면접 연습 등을 통해서 취업 성공 확률을 높이기 위해 온갖 노력을 다해야 한다.

● 취업상담 실전 사례

참여자 A씨는 첫 상담부터 의욕이 넘치는 20대의 구직자였다. 고졸인 A씨는 상담 때마다 단 한 번도 늦은 적이 없고, 취업에 대해서 진심이었다. 그런데 문제가 하나 있었다. A씨가 원하는 직종은 사무직이었는데, 고졸인 A씨의 스펙으로는 매칭이 쉽지 않았다.

그러나 A씨는 포기하지 않고 수십 군데에 지원서를 썼고, 이력서 작성에도 큰 노력을 기울였으며, 직업상담사인 나와 모의 면접을 여러 차례 진행했다. 그뿐만 아니라 가족, 친구들과 모의 면접을 꾸준히 하며 실전 감각을 익히고 자신감을 키웠다고 한다.

A씨는 마침내 중소기업 사무직 취업에 성공하여 누구보다 열심히 일하고 있다. 그 회사 관계자도 열심히 일하는 A씨의 모습에 큰 만족감을 표하고 있다.

직업상담사는 수많은 구직자와 만나 취업에 관한 문

제를 논의해야 한다. 첫 취업이든, 재취업이든, 전직이든 구직자는 누구나 절실하고 불안이 크기 때문에 그들의 마음을 위로하고 신뢰를 얻어야 성공적인 취업으로 이어질 수 있다.

직업 선호도 검사는 무엇일까?

사람마다 성향과 좋아하는 부분, 잘하는 부분과 잘 못하는 부분이 다르다. 자신의 장단점을 뚜렷이 알고 있고, 자신의 직업 선호도를 정확히 아는 사람이 있는가 하면 자신의 성향을 정확히 알지 못하는 사람들도 꽤 많다. 이런 경우 직업 선호도 검사를 시행하면 도움이 된다. 직업 선호도 검사를 통해 자신이 좋아하는 것은 물론, 자신의 성향을 정확히 파악함으로써 스스로를 이해하는 시간을 가질 수 있다.

직업상담사가 현장에서 제일 많이 사용하는 검사가 '직업 선호도 검사 L형'이다. 직업 선호도 검사 L형은 흥미검사, 성격검사, 생활사 검사로 이루어진 직업 심리검사의 유형 가운데 하나로, 좋아하는 활동, 관심 있는 직업, 선호하는 분야를 탐색하여 아직 진로를 정하지 못한 사람들의 진로 탐색에 도움을 주는 검사이다. 검사비가 무료인데도 불구하고 설명이 비교적 자세해서 실제 활용하기가 좋다.

직업 선호도 검사 결과지를 해석하는 방법도 구직자의 성향을 파악하고, 진로지도를 하는 데 큰 도움이 된다. 결과지에 나온 높은 점수를 기본 데이터로 두고, 낮은 점수가 있다면 그 부분도 참고해서 종합적인 판단을 내린다.

직업 선호도 검사 흥미 유형으로는 현실형(R), 탐구형(I), 예술형(A), 사회형(S), 진취형(E), 관습형(C)으로 나뉜다. 유형별 세부 사항은 다음 표를 참고해 보자.

구분	현실형(R)	탐구형(I)	예술형(A)
흥미 특성	분명하고 질서정연하고 체계적인 것을 좋아하고 연장이니 기계와 관련된 활동 또는 기술에 흥미가 있다.	관찰적, 상징적, 체계적이며 물리적, 생물학적, 문화적 현상의 창조적인 탐구를 수반하는 활동에 흥미가 있다.	예술적 창조와 표현, 변화와 다양성을 선호하고 틀에 박힌 것을 싫어하며, 모호하고 자유롭고 상징적인 활동에 흥미가 있다.
자기 평가	사교적 재능보다는 손재능 및 기계 관련 작업에 소질이 있다고 평가	대인관계 능력보다는 학술적 재능이 있다고 평가	사무적 재능보다는 혁신적이고 지적인 재능이 있다고 평가
타인 평가	겸손하고 솔직하지만, 독단적이고 고집이 센 사람	지적이고 현학적이며 독립적이지만 내성적인 사람	유별나고 혼란스러워 보이며 예민하지만, 창조적인 사람
선호 활동	기계나 도구 등의 제작	자연 및 사회현상의 탐구, 이해, 예측 및 통제	문학, 음악, 미술 활동
적성	기계적 능력	학구적 능력	예술적 능력
성격	현실적이고 신중한 성격	분석적이고 지적인 성격	경험에 대해 개방적인 성격

사회형(S)	진취형(E)	관습형(C)
타인의 문제를 듣고 이해하고 도와주고 치료해 주고 봉사하는 활동에 흥미가 있다.	조직의 목적과 경제적인 이익을 얻기 위해 타인을 지도, 계획, 통제, 관리하는 일과 그 결과로 얻어지는 명예, 안정, 권위에 흥미가 있다.	정해진 원칙과 계획에 따라 자료를 기획, 정리, 조직하는 일을 좋아하고 체계적인 작업환경에서 사무적, 계산적 능력을 발휘하는 활동에 흥미가 있다.
기계와 관련된 능력보다는 대인관계에 소질이 있다고 평가	과학적 능력보다는 설득력 및 영업 능력이 있다고 평가	예술적 재능보다는 비즈니스 실무 능력이 있다고 평가
이해심 많고 사교적이며 동정적이고 이타적인 사람	열정적이고 외향적이며 모험적이지만 이상이 있는 사람	안정을 추구하고 규율적이지만 유능한 사람
상담, 교육, 봉사활동	설득, 지시, 지도 활동	규칙을 만들거나 따르는 활동
대인 지향적 능력	경영 및 영업 능력	사무적 능력
동정심과 참을성이 있는 성격	대담하고 사교적인 성격	현실적이고 성실한 성격

구분	현실형(R)	탐구형(I)	예술형(A)
가치	눈에 보이는 성취에 대한 물질적 보상	지식의 개발과 습득	아이디어, 정서, 감정의 창조적 표현
회피 활동	타인과의 상호작용	설득 및 영업활동	틀에 박힌 일이나 규칙
대표 직업	기술자, 항공기 조종사, 정비사, 농부, 엔지니어, 전기기계 기사, 군인, 경찰, 소방관, 운동선수 등	언어학자, 심리학자, 시장조사분석가, 과학자, 생물학자, 화학자, 물리학자, 인류학자, 지질학자, 경영분석가 등	예술가, 작곡가, 음악가, 무대감독, 작가, 배우, 소설가, 미술가, 무용가, 디자이너, 광고 기획자 등

출처: 워크넷 직업 선호도 검사 L형

직업 선호도를 해석하는 능력

직업상담사가 주로 하는 직업 선호도 조사는 직업 선호도 조사 L형이다. 직업 선호도 조사 L형은 '기본이해', '흥미+직무탐색', '성격', '생활사'의 네 부분으로 나뉘어 검사가 이루어진다. 그러나 직업 선호도 조사 L형은 구직자의 보유 능력, 학력, 전공, 자격, 가치관 등을 반영

사회형(S)	진취형(E)	관습형(C)
타인의 복지와 사회적 서비스의 제공	경제적 성취와 사회적 지위	금전적 성취와 사회, 사업, 정치 영역에서의 권력 획득
기계 기술적 활동	과학적·지적·추상적 주제	명확하지 않은 모호한 과제
사회복지사, 교육자, 간호사, 유치원 교사, 종교 지도자, 상담가, 임상치료사, 언어치료사 등	기업경영인, 정치가, 판사, 영업사원, 상품구매인, 보험회사원, 판매원, 연출가, 변호사 등	공인회계사, 경제분석가, 세무사, 경리사원, 감사원, 안전관리사, 사서, 법무사, 의무기록사, 은행사무원 등

하지 않고 오로지 흥미, 성향, 생활사, 성격 등만을 반영한 결과이다. 그러므로 직업상담사는 직업 선호도 조사 L형을 바탕으로 구직자들의 성향을 파악한 뒤에 구직자의 보유 능력, 학력, 전공, 자격, 가치관 등을 모두 반영해 각 개인에게 적합한 방안을 제시하여야 한다.

직업 선호도 검사 L형의 경우는 생애 초기 취업을 하

는 구직자나 자신의 직업 선호도를 정확히 알지 못하는 구직자에게 알맞은 검사 방법이다. 대체로 40~60분이 걸리는 정밀검사이며, 자신의 직업 선호도를 파악하는 데 흥미로운 데이터를 제시해 준다.

　중요한 것은 직업상담사가 직업 선호도 검사의 결과 데이터를 보고 어떻게 해석해 주느냐가 올바른 취업 성공의 지표가 될 수 있다. 창의적인 작업을 좋아하는 예술형의 구직자에게 단순 반복 작업의 직업을 권유한다면 비록 취업에 성공하더라도 장기간 근속할 수 있는 직업으로는 알맞지 않기 때문이다. 각 직업군에서 원하는 구직자를 연결해 주어야 성공적인 취업을 보장할 수 있기 때문이다.

● 직업 선호도 해석 사례

구직자 B씨는 직업 선호도 조사를 통해서 IR형이 나왔다. IR형의 일반적인 특징은 현실적 생산품을 위한 연구활동이나 신상품 개발을 좋아한다. 독특한 방식으로 문제 해결에 접근하며 교육이나 세미나에서 다른 전문가들과의 상호작용을 통해 배우는 경향이 있다. 교육을 중요하게 여기며 의료직종이나 공학 분야 연구활동을 선호할 수 있다. 그러므로 구직자 B씨는 화장품 회사 등의 신상품을 개발하는 직종으로 이직하는 편이 적절하다. 이런 분야로 직종 변경을 했을 때 구직자도 구인 회사도 만족하는 결과를 낼 수 있다.

나도 직업 프로그램 하나 만들어 볼까?

직업상담사가 수행해야 할 업무 중의 하나가 직업지도 혹은 직업 전환 프로그램 개발과 운영 업무이다. 그러나 국가취업지원제도를 운영하는 고용센터나 새일센터의 경우에는 직업상담사 한 명이 담당해야 하는 상담 인원이 워낙 많아서 직업지도 혹은 직업 전환 프로그램을 개발하기는 실질적으로 어렵다.

그렇지만 자신의 비전을 가지고 창의적인 직업상담 프로그램이나 직업지도 프로그램을 개발하고 싶다면 누구나 해볼 수 있다. 특히 각 지역 일자리센터의 경우 지역별 상황에 어울리는 특색 있는 직업상담, 직업지도 혹은 직업 전환 프로그램을 개발해서 운영하는 곳도 있다.

자신만의 프로그램을 가지고 실제로 운영해 보고 싶은
마음은 어느 직업상담사나 마찬가지일 것이다.

직업지도 프로그램이나 직업 전환 상담 프로그램을
개발할 때 필수적으로 고려해야 할 사항은 무엇일까?

직업지도 프로그램은 무엇일까?

직업지도 프로그램은 보통 자신에 대한 탐구 프로그
램, 직업 적응 상담 프로그램, 직장 스트레스 대처 프로
그램, 실업 충격 완화 프로그램으로 나뉜다.

'자신에 대한 탐구 프로그램'은 진로 미결정자에게 주
로 권하는 프로그램으로, 자신에 대한 탐구, 타인이 판
단하는 자기 모습, 자신의 능력 평가, 과거 위인의 생애
와 자신의 생애 비교 등으로 구성된다. 이를 통해 자신
에게 적합한 직업을 찾도록 해주는 것이다. '직업 적응
상담 프로그램'은 신규 구직자나 직업인을 대상으로 조
직문화, 인간관계, 직업 예절, 직업의식과 직업 관계 등
에 대한 정보를 제공하고 필요시 직업지도 프로그램에
참여하게 한다.

'직장 스트레스 대처 프로그램'은 전직을 예방하기 위

해 퇴직 의사 보유자에게 실시하는 직업상담 프로그램이다. '실업 충격 완화 프로그램'은 실업 스트레스 해소와 실업 대처 능력을 기르도록 만들어서 실업 이후 긍정적인 태도를 갖게 한다. 직업상담사의 핵심 프로그램인 직업상담 프로그램은 직업적 문제의 해결과 효율적인 직업 선택, 퇴직과 전직 시 스트레스 등에 초점을 둔다.

진로지도 프로그램은 직업상담 프로그램과는 성격이 다르다. 진로지도에서는 직업은 물론 취미, 결혼, 여가 활동 등 광범위한 삶에 대한 문제를 다룬다. 이를 바탕으로 진로지도 프로그램을 다음 순서대로 만들어보자.

첫째, 자신이 어떤 사람인지, 무엇을 좋아하는지, 어떻게 살고 싶은지를 스스로 파악하도록 한다. 이를 통해 자기 이해를 할 수 있다.

둘째, 여러 정보를 수집하고 탐색해 보도록 한다. 이를 통해 직업 세계를 구체적으로 인식할 수 있다.

셋째, 미래의 유망산업과 직업을 파악해서 어떤 직업을 가질 것인지, 혹은 취업을 할 것인지 창업을 할 것인지 생각해 본다.

넷째, 자신의 진로를 정확히 수립해서 구체적인 계획을 세워본다.

한 가지 사례를 들어보자. 중학생 김세현은 23세에 대학교 호텔조리학과를 졸업해서 프랑스로 유학을 떠날 계획이다. 30세에 다시 우리나라로 돌아와 프랑스 전문 음식점을 창업할 것이다. 그 뒤 35살에 결혼해서 아이를 하나 낳을 것이다. 50대 중반에는 은퇴해서 3~5년간 세계여행을 할 것이다. 60대에는 다시 우리나라로 돌아와서 교육비가 비교적 저렴한 프랑스요리학교를 세울 것이다.

김세현의 직업적 진로는 프랑스 음식 요리사이며, 취업 대신 창업을 목표로 하고 있다. 조기은퇴를 한 뒤 평생 꿈인 세계 여행을 실현한 뒤, 자신의 요리 경력을 바탕으로 프랑스요리학교를 세워 사회봉사 겸 환원을 꿈꾸고 있다.

김세현은 자유롭고 창의적인 자신의 성향을 파악한 뒤, 자신이 가장 좋아하는 요리를 통해 자신의 꿈을 실현하겠다는 진로계획을 세웠다. 게다가 유학과 창업 비용을 대줄 수 있는 부모의 경제력을 바탕으로 프랑스 유학과 프랑스 식당 창업을 계획하고 있다. 30대 중반에는 결혼을

한 뒤 아이 하나를 낳아 양육하기로 마음먹었으며, 조기 은퇴를 한 뒤 마음껏 세계 여행을 떠나기로 했다. 그 뒤 자신이 벌어들인 돈을 바탕으로 유능한 인재들을 양성하는 저렴한 학비의 프랑스요리학교 설립을 구상했다.

이처럼 우리는 진로지도 프로그램을 통해 자신의 진로를 구체적으로 설계할 수 있으며, 자신이 설계한 미래 구상에 맞추어 실제 삶을 살아갈 수 있다.

직업 전환 프로그램은 무엇일까?

사람의 전 생애를 통해 한 가지 직업을 가질 수도 있지만, 그런 사람은 흔치 않다. 공무원 열풍을 타고 수년간 공무원 시험을 통해 공무원이 된 이후, 자신의 적성과 맞지 않아 그만두는 20대 청년들도 있다. 이럴 때 도움을 받을 수 있는 것이 바로 직업 전환 프로그램이다. 직업 전환 프로그램을 통해 자신의 흥미와 적성에 맞는 직업으로 전환하는 것을 실험해 볼 수 있다.

직업 전환 프로그램은 자신이 지금 하고 있는 일이 적성에 맞지 않거나 자신의 흥미 분야가 아니거나 성격상 맞지 않아서 다른 직업으로 바꾸려고 할 때 고려해 볼 수 있는 프로그램이다.

어떤 사람은 날마다 비슷한 일을 하는 것에 안정감을 느끼지만, 어떤 사람은 날마다 같은 일을 하는 게 고역일 수도 있다. 사람의 적성이나 흥미, 성격에 따라 원하는 직업이 다르다. 날마다 수행해야 하는 업무가 본인에게 맞지 않아서 스트레스를 아주 많이 받거나 너무나 괴롭다면 전직을 고려해 볼 수 있다.

따라서 직업상담사는 내담자가 직업을 바꾸려는 동기를 정확히 이해하고, 내담자의 적성, 흥미, 성격 등을 종합적으로 판단해야 한다. 거기에 덧붙여 내담자의 나이와 건강을 고려해야 한다. 연령이나 경력을 크게 고려하지 않는 직업도 있으나 이를 판단 기준으로 두는 직장이나 직업도 있다. 그 때문에 나이와 건강은 늘 필수적으로 고려해야 하는 부분이다.

또한 내담자가 직업을 바꾸려는 분야에 필요한 기술을 가졌는지 평가해야 한다. 예를 들어 40세의 경력단절 여성이 사무직으로 이직을 고려하고 있다면, 사무직에서 원하는 필수적인 OA 기술 등을 체크하는 것은 필수다.

직업 및 진로와 관련된 프로그램을 개발하거나 운영

하는 데 필수적으로 고려해야 하는 사항들이 있다. 직업 관련 프로그램은 실제로 사회에서 활용하려고 만드는 것이다. 그러므로 활용하고자 하는 목적에 부합하는지, 운영하는 데 어려움이 없는지, 그 효과가 확실한지, 활용하는 데 비용이 얼마나 드는지를 정확하게 파악하고 평가해야 한다.

성공적인 취업지도 프로그램 사례

다음은 성공적인 취업지도 사례로 평가되는 여러 지자체의 취업 관련 프로그램들이다. 직업상담사는 성공적인 기존 모델을 토대로 각각의 지역적 특성과 각 센터의 특성에 맞는 새로운 취업지도, 진로지도 모델을 새롭게 개발하고 제시할 수 있다.

① 문정비즈밸리 일자리 허브센터(서울시 송파구)

송파구는 2018년 '문정비즈밸리 일자리 허브센터'를 개관해 청년 구직자와 기업 간 일자리 매칭을 적극적으로 지원하고 있다.

송파구는 서울시 25개 자치구 가운데 청년 인구가 가

장 많은 지역으로, 2019년 3월 기준 송파구 68만 인구 가운데 20~39세 인구가 20만 명으로 추산된다. 문정비즈밸리는 법조타운, 동남권 유통단지, 지식산업센터 등 대규모 비즈니스 공간이 모인 지역으로 현재 약 2천 개의 기업이 입주해 있으며, 앞으로 5백여 개 업체가 추가 입주할 예정이다.

특히 IT 융합 산업, 바이오메디컬 등 지식 기반 산업이 밀집해 있어 청년층 구직자들에게는 취업의 기회를, 관련 기업들에는 인재를 추천할 수 있는 윈윈 전략이 가능한 곳이다. 송파구는 문정비즈밸리의 이런 특성을 반영해 일자리 허브센터를 개관했다. 그곳을 기업과 기업, 구직자와 구직자, 기업과 구직자 간 공유와 협업이 가능한 다목적 일자리 종합 공간으로 운영 중이다. 일자리 허브센터에는 3인의 전문 직업상담사가 상주해 구직자들에게 일자리 취업상담과 취업 연계 서비스를 제공하고 일자리 박람회, 채용설명회 등 각종 일자리 사업을 벌이고 있다. 또한 2021년부터 기업 현직자 멘토링 사업인 '취준 부스터 점프업!'을 운영하고 있다.

'취준 부스터 점프업!'은 다양한 기업의 현직자 및 HR

전문가와 청년 구직자를 연결해 모의 면접부터 포트폴리오 제작까지 22회에 걸쳐 청년 맞춤형 역량 강화 멘토링을 진행했다. 이 프로그램은 3~4월에는 사전취업 진단검사를 통한 인기 분야(서비스, 마케팅, 영상 촬영) 관련 취업전략 수립, 5~6월에는 모의 면접 스터디 등 실습 위주의 특강 및 OA 특강(노션, 엑셀 등), 7~11월에는 트렌드 마케팅 분야 필수요소인 '영상 촬영 편집 포트폴리오'를 중점적으로 다룬다.

② 청년희망드림 프로그램(경기도 수원시)

수원시 일자리센터는 대기업 및 중견기업 인사 담당, 대학 일자리 센터장, 청년 커리어코치 등 23년 이상의 경력을 지닌 커리어코치를 주축으로 청년 구직자를 위한 프로그램과 상담 부스를 운영하고 있다. 특히 '스펙을 초월한 강점 프로파일링'을 중심으로 학습부터 문제해결, 정신 관리까지 동시에 해결하는 '청년희망드림 프로그램'이 대표적이다. 강의, 코칭, 다채널 소통, 실전취업클리닉까지 원스톱으로 지원하는 것이 특징이다.

교육과 개별 상담까지 1인당 총 30시간의 프로그램을

지원하고 있는데, 개인의 강점을 살리고 커리어를 돋보이게 하는 이력서와 자기소개서 코칭이 강점이다.

③ 경비원 취업지원 프로그램(서울시 구로구)

구로구 일자리플러스센터에서는 구로구에 거주하는 중장년층을 대상으로 경비원 신임교육 프로그램을 운영했다. 이는 만 40세 이상 70세 미만 중장년층을 대상으로 이루어지는 실질적인 취업 관련 프로그램이다.

경비원으로 취업하려면 '일반경비원 신임교육'을 법령상 필수로 이수해야 하므로, 프로그램을 통해 교육부터 취업 알선까지 지원한다. 경비업법, 범죄 예방론 등 이론교육과 장비 사용법, 신변 보호, 시설경비 등 실무교육으로 진행하며, 참여자는 교육비와 취업 연계 등의 지원을 받는다. 시니어들을 대상으로 하는 실질적인 취업 관련 프로그램이라는 것이 강점이다.

직업상담사의 행정업무 능력

학교 교사들이 수업을 다 마친 후 여러 행정업무에 시달린다는 말은 많이 들어보았을 것이다. 직업상담사 역시 행정업무가 많은 것이 직업상 특징 중 하나이다.

개인별 상담을 진행하고 나면 '고용안정정보망'이라는 전산 프로그램에 구직자와 그날 상담한 내용을 입력해야 한다. 상담하면서 진행한 관련 서류를 개인별 파일에 첨부해야 한다. 구직자별 온라인으로 진행한 상담 사항이나 관련 서류는 물론, 대면상담으로 진행한 모든 내용과 서류를 첨부해야 진행이 모두 완료된다. 이렇게 만들어진 개인별 파일은 직업상담사가 진행한 이력으로 증빙 서류가 되고 이후 점검 자료로 활용된다. 그래서 전산 사용이 미숙하거나 타자가 느리다면 업무 시간이 그만큼 늘어난다. 직업상담사로 일하기 위해서는 기본적인 전산 사용법을 미리 익히고 들어가야 한다.

직업상담사가 기본적으로 해야 할 업무를 전산상에 말끔히 파일로 정리하려면 업무를 마친 후 그날그날 작성해야 한다. 직업상담사는 꼭 필요한 전산 작업을 마친 뒤에야 퇴근하는 것이 일반적이다. 그래서 직업상담사의 본 임무는 퇴근 시간 이후부터라는 말이 나오는 것이다. 처음에는 서류 작업이나 파일 작업으로 큰 고생을 하지만, 연차가 늘고 노하우가 쌓이면서 조금 능숙해진다. 그렇다고는 해도 채워 넣어야 할 전산 작업들이 많아 과도한 행정업무는 늘 직업상담사의 고충으로 이야기된다.

이력서 작성과 면접

① 이력서 작성, 어떻게 도와줘야 할까?

이력서와 자기소개서는 회사에서 구직자를 접하는 첫인상이다. 회사에서 원하는 인재로 눈도장을 찍기 위해서 구직자가 거쳐야 하는 첫 관문이기도 하다. 회사의 면접관은 수십 통에서 수천 통의 이력서와 자기소개서를 본다. 그러므로 회사에서 기본적으로 정해놓은 커트라인이 있다. 구직자의 스펙으로 서류 심사에서 걸러내는 것이 일차 관문이라면 그다음은 회사마다 요구하는 적정선의 구직자 후보군에 맞는 구직자들을 찾게 마련이다. 그것은 구직자의 경력이나 가치관, 이미지, 열정, 회사에 대한 인식이 될 수도 있다.

구직자들이 이력서와 자기소개서를 작성하면서 절대 잊지 말아야 할 부분이 있다면 바로 '가독성'이다. 무엇보다 다른 사람의 합격 자기소개서를 베꼈다는 인상을 주면 그 지원서는 말 그대로 쓰레기통에 처박힌다. 자신만의 스토리를 얹은 진정성 있는 자기소개서가 취업 면접관의 눈길을 사로잡는다.

직업상담사는 구직자들의 상황을 정확하게 파악하여 자신만의 스토리를 담은 자기소개서를 쓰도록 유도한다. 사람마다 자신이 처한 상황, 스펙, 경험과 가치관이 다르므로, 이를 최대한 솔직하게 끌어내어 자기소개서에 담도록 길을 제시해 주어야 한다. 구체적으로 어떻게 해야 할까?

첫째, 구직자의 현재 상황 및 경력, 강점 및 문제점을 파악해야 한다. 대학 졸업을 앞둔 신입 지원자인지, 경력단절 여성인지, 은퇴를 앞둔 시니어 구직자인지에 따라서 그들이 가진 장단점이 다르기 때문에 구직자에 대한 파악이 일 순위다.

둘째, 지원회사의 채용공고를 정확히 분석해야 취업 성공률을 높일 수 있다. 회사마다 원하는 인재상과 구인조건이 다르기 때문에 이에 대한 제대로 된 분석이 취업 성공으로 가는 지름길이다. 어느 직종 혹은 직무냐에 따라서도 원하는 인재상이 달라진다. 디자인 회사에서 원하는 디자이너의 조건과 기획관리팀에서 원하는 기획관리 인재상이 다른 것은 당연하다. 따라서 어떤 직업상담사는 구인 회사 취업 면접관과의 전화 통화나 대면상담을 통해 원하는 인재상을 미리 확인해 놓기도 한다.

셋째, 자신만의 스토리를 얹어 '나만의 돋보이는 자기소개서'가 되도록 심혈을 기울여 재구성해야 한다. 여기에 왜 구직자가 그 회사에 어울리는 인재인지를 잘 엮어야만 한다.

넷째, 가독성 높은 자기소개서는 취업 면접관들의 눈에 구직자를 돋보이게 해주는 중요 요소 중의 하나이다. 따라서 구인 회사의 요구사항을 정확히 파악하고 그 기준에 맞게 지원자의 강점을 잘 포장해서 자기소개서를 작성해야 한다. 그리고 이해하기 쉬운 명확한 문장으로 표현을 섬세하게 수정해 주어야 한다.

② 면접, 어떻게 도와줘야 할까?

면접은 최종 합격 여부를 결정짓는 마지막 관문이다. 서류전형에 합격했다고 해서 마음을 놓아서는 안 된다. 합격 여부는 면접에서 확실하게 결정되므로, 그만큼 신중하게 접근해야 한다.

구인 회사가 제시하는 면접의 종류는 다양하다. 면접 진행 시 과제 활용 여부에 따라서 구술 면접, 시뮬레이션 면접으로 나뉘고, 운영 방식에 따라서는 개인 면접과 집단 면접으로 구분된다.

구술 면접의 경우에는 전통적 면접, 경험 면접, 상황 면접, 그리고 압박 면접으로 구분되고, 시뮬레이션 면접은 다시 발표 면접, 토론 면접, 그리고 역할 면접으로 구분된다.

직업상담사는 필요시 구직자에게 모의 면접을 진행하기도 한다. 면접 유형에 맞춰 구직자를 훈련하는 것은 물론이고, 면접 보는 날 문을 열고 들어가 처음 인사하는 법부터 면접을 마치고 문을 닫고 나올 때까지 섬세하게 지도하려고 노력한다.

● 회사에서 면접을 보는 목적

① 업무 수행과 관련한 지원자 행동을 사전에 관찰하고 예측할 수 있다.

② 서류상 미비점을 확인하고, 추가질문을 통해 의심스러운 부분을 확인할 수 있다.

③ 면접관이 알고 싶은 심층적 정보를 파악할 수 있다.

④ 커뮤니케이션, 대인관계 행동 등 서류상으로는 알 수 없는 추가 정보를 획득할 수 있다.

● 회사에서 면접을 볼 때 확인하는 것

① 회사나 직무에 대해 뚜렷한 관심을 지니고 있는지 재확인한다.

② 업무를 익히고 수행하는 데 필요한 자질을 갖추고 있는지 다각도로 파악한다.

③ 좋은 인성과 태도를 지니고 있는지를 알 수 있다.

④ 동료들과 큰 갈등 없이 어울려 일할 수 있는지, 커뮤니케이션에 문제가 없는지 파악한다.

● 면접에서 가장 중요한 평가 요소

① 회사 업무를 잘할 수 있는가?

② 회사가 원하는 인재상인가?

③ 회사에 오래 다닐 수 있는가?

직업상담사 자격증의
모든 것

    직업상담사가 되기 위해서는 4년제 대학 졸업 이상의 학력을 갖추어야 하고, 한국산업인력공단이 시행하는 직업상담사 자격증을 취득하는 편이 유리하다. 외국 기업을 주요 고객으로 하는 고급 인력 알선 업체에는 석사 학위 이상의 근무자도 많으며, 외국 기업을 대상으로 하는 만큼 외국어 능력이 있어야 한다. 특히 헤드헌터 중 컨설턴트는 대개 해당 분야의 관련 경력이 있어야 업무 수행이나 업무 능력을 발휘하는 데 유리하다.

● 직업상담사 입직에 유리하게 작용하는 스펙

  • 직업상담사 입직에 유리한 학과: 심리학과, 상담학과, 교육학과, 사회학과, 사회복지학과, 아동청소년복지학과, 특수교육학과, 행정학과, 경영학과 등

  • 관련 자격: 직업상담사 1급, 2급(한국산업인력공단)

직업상담사 자격증 취득의 핵심 정보!

① 직업상담사 자격증 1급? 2급?

직업상담사 자격증을 따기 위해서는 첫째 관련 시험 정보를 살펴봐야 한다.

먼저 한국산업인력공단이 운영하는 국가자격시험 원서 접수와 합격자 발표를 제공하는 큐넷 사이트에 들어간다. 그 사이트에서 '자격정보'를 클릭하면 국가자격 종목별 상세정보가 나오는데, 여기에서 시험 관련 자료를 찾을 수 있다. 시험정보, 기본정보, 우대현황, 일자리 정보, 수험자 동향까지 직업상담사 시험 관련 세부 내용을 모두 살펴볼 수 있다.

직업상담사 자격증은 1급과 2급으로 나뉘며, 처음 시험을 준비하는 경우 2급 자격증을 획득해야 한다. 1급 자격증은 직업상담사로 2년 이상의 실무 경력을 쌓아야 응시 자격이 주어진다. 그러나 현재 직업상담사 실무 현장에서는 1급과 2급의 차별이 없다. 직업상담사의 수요가 늘어나는 미래 사회를 고려하면 2급 자격증을 취득해 실무에 익숙해진 뒤, 1급 자격증을 취득하는 편이 더욱 유리하다.

② 직업상담사는 기사? 산업기사?

우리나라 국가기술자격증은 기능사, 산업기사, 기사, 기능장, 기술사로 나뉘는데, 후자로 갈수록 더욱 수준 높은 기술이 필요하다. 그러므로 뒤로 갈수록 응시 조건이 까다로워진다.

직업상담사 2급은 산업기사이므로 4년제 대학 졸업 이상의 학력을 지니고 있으면 누구나 응시할 수 있다. 자격증 시험에 합격하기 위해서는 4~6개월간의 수험생 과정을 거쳐야 하므로, 공부에 매진해야 한다. 자격증 시험을 준비하는 수험생들 사이에서는 회차별로 난이도가 다르다는 소문과 불안감이 존재하는데, 그 점은 그리 염려하지 않아도 된다. 시험 난이도에 따른 어려움은 모든 수험생이 겪는 부분이므로 내가 어려우면 다른 사람들도 어렵다는 점을 염두에 두면 된다.

③ 직업상담사 시험 합격률은?

직업상담사 자격증 시험의 합격률은 대략 필기시험은 평균 50퍼센트, 실기시험은 평균 40퍼센트 이상이다. 평균적으로 10명 중 4.5명은 합격증을 손에 쥔다고 볼 수 있다. 예전보다 직업상담사 자격증 시험의 합격률은 조금 높아진 편이다. 해마다 모든 자격증 시험의 경쟁률이 높아지는 것과는 반비례의 결과를 보이는데, 응시자들의 실력이 좋아진 데다 실기시험의 점수가 후해졌다는 점에서 이유를 찾을 수 있다.

직업상담사 자격증 시험은 평균적으로 1차 필기시험, 2차 실기시험 두 가지를 합해서 3~6개월 정도 준비하면 무난하게 합격할 수 있다. 재취업을 원하는 경력단절 여성들이 주로 응시하는 간호조무사 시험에 합격하려면 통상 1년 정도의 교육과 준비 기간을 거친다. 그에 비해 직업상담사 시험의 준비 기간은 약 6개월임을 감안해 보면, 직업상담사 자격증 시험의 난이도는 '중' 정도로 볼 수 있다.

직업상담사 자격증 준비 A에서 Z까지

직업상담사가 되기 위해서는 필수 관문이 있다. 바로 국가자격 시험에 합격하는 것이다. 직업상담사로 입문하기 위해서는 직업상담사 자격증을 따야 한다.

직업상담사 자격증은 1급과 2급이 있다. 입문 과정에서 2급 자격증을 따면 직업상담사로 취업할 수 있는 자격이 주어진다. 1급은 직업상담사로 2년 이상의 경력을 갖추었을 때 취득할 수 있다. 앞서 말했듯, 현장 실무에서 아직까지 1급과 2급의 차이가 크지는 않으므로 2급 자격증 취득이 우선이다.

한편, 직업상담사 자격증 시험을 준비하는 사람들은 이런 질문을 많이 한다.

"직업상담사는 공무원인가요?"

공무원과 비슷한 느낌이 들어서 이 같은 질문을 하는 것 같은데, 정확히 말해서 공무원은 아니다.

앞에서 잠깐 언급했듯이 우리나라 국가기술자격은 기능사, 산업기사, 기사, 기능장, 기술사로 나뉜다. 뒤로 갈수록 고도의 기술이 필요하므로 시험 응시 조건도 까다로워지고, 합격률도 낮다. 이중 직업상담사 2급은 산업기사로 분류된다. 간혹 시험 회차별로 난이도가 다르다는 '카더라' 통신도 있는데, 어차피 똑같다. 나에게 시험이 어려우면 남에게도 어렵다. 그저 시험 준비를 철저히 하면 된다.

직업상담사 2급 자격시험

직업상담사 필기시험은 해마다 시험일이 새롭게 공고되지만, 보통 해마다 3번, 주로 비슷한 시기에 치러진다. 필기시험은 주로 3, 4, 7월에 시행하고, 실기시험은 주로 5, 7, 10월에 치른다. 다음 해 시험 일정은 시험 전년 12월 말에 발표하므로, 후년 시험 일정을 알아보려면 이때를 주목하면 된다.

필기시험 범위는 직업상담학, 직업심리학, 직업정보론, 노동시장론, 노동관계법규의 5과목이다. 시험 방식은 객관식 4지선다형으로 출제된다. 합격 기준은 전 과목 평균 60점이며, 40점 이하는 과락이다.

실기시험은 주관식 필답형으로 진행되며, 2시간 30분 안에 평균 18문제 정도를 풀어야 한다. 시험 범위는 직업상담학, 직업심리학, 직업정보론, 노동시장론의 4과목으로 총 60점 이상을 받아야 합격한다.

직업상담사 2급 자격시험 요강	
시행처	한국산업인력공단
시험 과목	필기: 1. 직업상담학 2. 직업심리학 3. 직업정보론 4. 노동시장론 5. 노동관계법규
	실기: 직업상담 실무
검정 방법	필기: 객관식 4자 택일형, 과목당 20문항(과목당 30분)
검정 방법	실기: 주관식 필답형(2시간 30분, 100점)
합격 기준	필기: 100점을 만점으로 과목당 40점 이상, 전 과목 평균 60점 이상
	실기: 100점을 만점으로 60점 이상

필기시험 준비, 이렇게 하자!

사람들은 시험을 준비할 때 어떻게 공부할까? 무슨 공부를 하든 다음 세 가지에서 벗어나지 않을 것 같다.

첫째, 내게 알맞은 교재를 선정해 나 홀로 죽도록 시험공부를 하는 나 홀로 공부법, 둘째, 인강을 선택해 강의를 먼저 들은 다음 혼자 공부하는 방법, 셋째, 학원에 다니며 강의를 들은 다음 혼자 공부하는 방법이다. 이 세 가지 방법 중 자신의 성향과 여건에 맞는 방법을 선택해서 시험 준비를 시작해 보자!

● 시니어가 자격증 시험을 준비하는 3가지 공부법

　① 나 홀로 공부족

　② 학원 다니며 공부족

　③ 인강으로 할래족

어느 국가자격증 시험과 마찬가지로 직업상담사 필기시험도 열심히 공부해야 합격증을 손에 넣을 수 있다. 위에서도 말했듯이 혼자 공부할 것인지, 학원에서 족집게 강의를 들을 것인지는 자신의 성향에 따라 공부 방법을 선택하면 된다.

[시니어만을 위한 공부법] 필기시험 준비하기

1단계: 교재, 온라인 강의 선택하기

먼저 공부한 경험이 많지 않아서 혼자 공부하는 데 자신이 없다면 어떻게 해야 할까? 그럴 때는 학원을 선택해 강사의 지침대로 따라가 보는 것이 좋다.

반면에 혼자 공부하기로 마음먹었다면 시험공부의 첫 단추를 끼우는 일은 교재 선택이라고 할 수 있다. 시중에 다양한 교재가 나와 있어 고르기는 쉽지 않겠지만 모든 교재에는 장단점이 있다. 인터넷 강의를 무료로 들을 수 있는 교재, 혼자 공부해도 잘 따라갈 수 있도록 구성해 놓은 교재 등 다양하므로 초기에는 교재 선택에 가장 많은 공을 들여야 한다.

교재를 선택할 때는 직접 서점에 가서 차근차근 책장을 들춰보면서 자신에게 맞는 교재를 선택하는 것이 좋다. 무료 인터넷 강의를 제공하는 교재의 경우 초기에 전반적인 이론 공부를 하는 데 도움이 된다.

2단계: 학습 플랜 짜기

내게 알맞은 공부 방법과 교재를 선택했다면, 이제 학습 플랜을 짜보자. 우선 자신만의 학습 노트를 준비한다. 그다음 과목별 교재를 먼저 차근차근 읽어보면서 노트에 이론을 정리한다. 전 과목을 한 번 훑으려면 최소한 하루 평균 4~5시간을 잡고 열흘 정도 공부해 보자. 공부하는 동안 학습 노트에 자기만의 언어로 이론을 정리한다.

이론 정리, 용어 정리, 과목별 집중 전략, 기출문제 풀이, 오답노트 만들기 등 총 5단계 전략을 잘 수립하고, 이에 따른 단계를 하나하나 공략해 나가면 이론 시험 준비는 완벽하게 끝난다.

3단계: 용어 정리

시험공부를 수월하게 하려면 새롭게 접하는 용어 정리를 해놓는 게 중요하다. 비교적 생소한 전문용어나 법률용어가 수시로 등장하기 때문에 용어 정리를 제대로 해놓지 않으면 공부하는 내내 문제 이해나 풀이에 어려움을 겪을 것이다.

예를 들어 직업상담사 이론에는 일상생활에서 잘 쓰이지 않는 직업 세계나 심리상담 분야의 전문용어들이 생각보다 많다. 이 때문에 용어 정리가 제대로 안 된 상태에서는 진도를 나가는 것이 사실상 불가능하다. 예를 들어, 사례 관리, 라포르, 신뢰도, 타당도, 클라이언트 등의 용어가 꽤 많이 등장한다. 노동시장론의 경우에도 수요공급의 곡선, 이윤, 인적자본, 노동법규 등처럼 전문용어가 많이 쓰인다. 이에 대한 기본 지식과 이해가 뒷받침되어 있어야만 진도를 원활하게 나갈 수 있다.

4단계: 과목당 집중 전략

시험공부를 효율적으로 하기 위해서는 과목의 특징에 맞는 집중 전략이 필요하다. 필기시험은 전 과목에서 평균 60점 이상이면 합격한다. 여기에서 주목해야 할 것은 어느 한 과목에서 고득점을 얻고, 조금 부족한 과목에서 40점 이상만 얻어도 합격할 수 있다는 점이다. 그러므로 시간을 적게 들여도 고득점을 받을 수 있는 과목에 집중적으로 시간을 쏟고, 나머지는 과락만 면하겠다는 마음으로 시험공부를 하는 것도 좋은 전략이다.

• 직업상담학과 직업심리학

직업상담학과 직업심리학은 일반적으로 접할 수 없는 용어가 많이 나오고, 이론이 가장 중요하기 때문에 용어 정리와 개념 정리가 필수이다.

상대적으로 난이도가 높은 직업상담학은 분량이 너무 방대하여 어려운 과목 중 하나이다. 따라서 전체 범위를 학습하는 것이 어렵기는 하지만, 기본적으로 개념을 이해하기만 해도 풀 수 있는 문제가 많으므로, 기본 흐름을 이해하는 방향으로 정리하자.

• 직업정보론

직업정보론 과목 역시 전체적으로 개념 위주로 출제되므로 이에 대한 정리가 가장 중요하다. 직업정보론 내용은 공부 과정도 그리 어렵지 않을 뿐만 아니라, 문제 역시 난도가 높지 않으므로 먼저 읽고, 내용을 정리하고, 기출문제를 푸는 방식으로 공부하면 된다.

• 노동시장론

노동시장론 과목은 처음에는 쉽지만 갈수록 어려워지

는 과목 중의 하나이므로, 주의 깊게 공부해야 하는 과목이다. 노동시장론은 수요공급의 곡선이나 이윤 및 인적자본, 노동조합 등 이해하기에 어려운 개념이 다수 포함되어 있다. 그렇지만 기출문제에서 다시 출제되거나 비슷하게 나올 확률이 높으므로 기출문제 중심으로 시험 준비를 하는 편이 유리하다. 특히 이 과목이 까다로운 이유는 계산 문제가 나오기 때문인데, 기출문제를 여러 차례 풀어보면서 오답을 조금씩 줄여보자.

• 노동관계법규

노동관계법규 과목은 법률용어가 자주 등장해서 까다롭기도 하고, 워낙 공부해야 하는 양 자체가 많아서 시간 압박 요인이 큰 과목이다. 노동 관련 법령과 이에 대한 판례가 무지막지하게 나오는 고난도의 시험 과목이다.

그러므로 모든 것을 외우겠다는 생각보다는 자주 나오는 시험문제 중심으로 외우는 편이 낫다. 그래야만 시간 대비 효율적으로 공부할 수 있다. 이 과목은 시험 준비가 까다롭기 때문에 과락만 면하자는 생각으로 시간을 효율적으로 배분하는 것도 중요하다.

시험공부 자체는 무척 힘들지만, 시험문제는 쉽게 출제되는 편이므로 기출문제와 모의고사 문제를 여러 번 풀어보는 것으로 대비하자. 법률을 암기하는 것이 쉽지는 않지만, 근로기본권이나 성차별 및 연령차별 방지 법령 등 시험에 주로 출제되는 내용 중심으로 외운다면, 복잡한 응용 문제는 없는 편이므로 문제 풀이는 그리 어렵지 않다.

5단계: 기출문제 풀이

과목별 이론, 용어, 개념 정리 못지않게 중요한 부분이 기출문제 풀이다. 기출문제를 여러 번 풀어봐야 시험문제 출제 경향도 알 수 있고, 아는 것과 모르는 것을 정확히 구분해서 막판 다지기를 할 수 있다.

기출문제는 적어도 20~30회 정도는 풀어야 비교적 안심하고 시험을 볼 수 있다. 만약 30회 정도의 기출문제를 풀 예정이라면 기출문제 풀이에 2주 정도의 기간은 잡아야 한다. 기출문제 풀이 후 오답은 다시 정독해서 외우는 것이 좋다. 만약 잘 외워지지 않는 부분이 있다면 따로 오답노트를 만들어 틀린 문제를 적어둔다. 보통 기출문제에서 75~80퍼센트 출제되므로, 기출문제 풀이는 반드시 제대로 하고 넘어가자.

기출문제나 모의고사를 풀 때는 실제 시험시간과 같은 시간을 배정해서 풀어야 실전에 도움이 된다. 본시험과 같은 조건에서 꾸준히 시험문제를 푸는 훈련을 해나가면 본시험에서 긴장을 덜 하게 된다.

6단계: 나만의 오답노트 만들기

기출문제를 풀면 내가 확실히 아는 부분과 아직 숙지하지 못한 부분이 정확히 구별된다. 아직 숙지하지 못한 부분이 있으면 오답노트에 정리하여 확실히 숙지하고 넘어가는 것이 중요하다. 오답노트는 각자 편한 스타일로 만들면 된다. 그러나 조금이라도 시간을 줄이고 싶다면 노트를 하나 준비해서 오답 문제들만 오려서 노트에 붙여 나간다. 시험공부가 어느 정도 끝나고 난 뒤에는 이 오답노트만 두어 번 더 정독하고, 외울 부분은 외워서 오답을 줄여 나가는 것이 중요하다.

실기시험 준비, 이렇게 하자!

1차 필기시험을 거뜬히 합격했다면, 2차 실기시험은 1차 필기시험일로부터 통상 2개월 후에 치른다. 실기시험에서는 직업상담 실무를 평가하는데, 전 문항 필답형이라는 점이 가장 큰 특징이다. 단답형과 서술형이 고루 나오므로 이를 확실히 준비해야 한다. 아무래도 필답형이라는 점 때문에 실기시험이 더 까다롭고 어렵게 느껴진다. 객관식과 주관식은 시험 준비나 시험을 치르는 마음가짐에서도 확실히 다르고, 준비과정도 더욱 지난하다.

다음 필기시험과 실기시험 사이의 합격률 차이에서도 나타나듯, 실기시험의 합격률이 확연히 떨어진다.

● 직업상담사 2급 자격시험 합격률
- 2019년- 필기: 52.5%, 실기: 44%
- 2020년- 필기: 62%, 실기: 46.1%
- 2021년- 필기: 55.3%, 실기: 47.9%

1차 필기시험과는 달리 2차 실기시험은 단순히 이해

하고 넘어가는 부분이 아니라, 완벽하게 암기해야 한다. 필기시험과는 달리 확실한 기출문제가 존재하지 않기 때문에 시험 준비를 하는 데 확실히 애로사항이 있다. 2차 실기시험 시간은 총 2시간 30분으로, 필기시험보다 더 공들여서 공부해야 합격점인 60점 이상을 획득할 수 있다.

　2차 실기시험이 전 문항 필답형이라는 부담감은 차치하고라도 시험 준비를 할 때 답답함이 느껴진다. 필기시험은 기출문제에서 적어도 75퍼센트 이상 출제되는데, 실기시험은 확실히 참고할 만한 기출문제집을 구하기가 어렵다. 그 이유는 2차 실기시험의 기출문제는 애초에 외부 유출이 불가능해서 응시생들의 기억에 의존해 만들어지기 때문이다. 그러므로 100퍼센트 확실한 기출문제와 답은 존재하지 않는다는 게 가장 어려운 점이다.

　게다가 직업상담 실무 부분만 문제로 나오니 시험공부가 비교적 쉬울 거라는 기대는 하지 않는 게 좋다. 물론 1차 필기시험에서 직업상담학, 직업심리학, 직업정보론을 확실히 공부해서 개념 정리와 용어 정리 등을 확실하게 해놓았다면 도움이 된다. 그러나 시험 범위 자체도 광범위한 편이고 암기할 양이 워낙 방대해서 순간순간 좌절할 수도 있다.

게다가 최대한 눈치싸움으로 구해야 하는 빈출문제 역시 2차 실기시험에서 좌절하는 요소 중의 하나이다. 앞에서 말한 대로 수험생들이 확실하게 믿고 볼 수 있는 자료나 빈출문제를 구하기가 하늘의 별 따기이므로 시험 준비 시작 단계에서 고충이 생긴다.

많은 수험생이 빈출문제를 구하는 두 가지 방법이 있는데, 하나는 시중에 나와 있는 교재를 하나하나 검토해서 구하는 방법과 직업상담사 자격증 시험 관련 카페에 올라와 있는 자료를 다운받는 방법이다. 여러 기출문제를 다운받아서 그 안에서 엄선하는 편이 가장 효율적이다.

[시니어만을 위한 공부법] 실기시험 준비하기

1단계: 기출문제 확보하기

2차 실기시험을 준비할 때는 10년 치 기출문제를 확보하는 방법을 추천한다. 여러 직업상담사 카페를 통해 자료를 구할 수도 있지만, 우선은 잘 정리된 교재를 구매한 뒤, 나머지 자료를 카페에서 구하는 것을 추천한다. 기출문제와 답이 실려 있는 교재를 사는 편이 준비 시간을 줄이는 방법이다.

2단계: 빈출문제 익히기

실기시험 기출문제를 먼저 눈으로 익히는 방법을 추천한다. 실제로 실기시험 기출문제를 풀어보면 제대로 답을 쓸 수 있는 문제가 거의 없기 때문에 시험 준비를 하기도 전에 좌절할 수 있다. 그러므로 눈으로 먼저 빈출문제를 익히고 외우고 난 뒤 기출문제를 풀어보기를 권한다. 그래야만 어떤 답안을 써야 할지 감을 잡을 수 있다.

3단계: 시험문제 여러 번 풀어보기

빈출문제를 눈으로 익히고, 필요한 것을 외우고 난 뒤
에는 기출문제를 풀어본다. 최근 기출문제부터 과거순
으로 풀어나가는 것을 추천한다.

처음에는 너무 어렵고 막막해서 당황스럽겠지만, 여
러 번 공부를 거듭하면 점점 모범답안에 가까운 답을 써
나가는 자신을 발견하게 될 것이다. 10년 치 기출문제를
반복해서 풀다 보면 비슷한 유형을 제외하고, 실제 외워
야 하는 문제는 200~300문제 정도가 될 것이다. 10년
치 기출문제를 모두 외우면 좋겠지만 시간상 부족하다
면 3~5년 치 기출문제를 외우는 것을 추천한다. 5년 치
든 10년 치든 모든 문제를 완벽하게 외우지는 못하겠지
만, 10년 치 기출문제를 공부했다면 조금 다른 점이 보
일 것이다. 만약 시험 날 처음 접하는 문제가 있더라도
기억을 더듬어 엇비슷한 답이라도 쓰면 부분 점수를 받
는 데 도움이 된다.

4단계: 2차 실기시험 답안 작성 요령

시험 문제지를 받으면 문제를 눈으로 쭉 훑으면서, 잘

아는 문제의 답부터 적어 내려간다. 만약 이 점이 부담된다면 중심 키워드를 미리 적어놓는 것도 요령이다.

순서대로 문제를 읽고 답을 최대한 채워나가는데, 이때 연필이나 샤프로 답안을 적어놓는다. 모든 것을 마치고 난 뒤 볼펜으로 다시 작성한다. 합격점인 60점보다 높은 점수를 얻겠다는 마음으로, 최대한 답안을 작성한다.

아는 문제의 답을 모두 적고 나서는 검정 볼펜으로 다시 깨끗하게 작성한다. 이때 검정 볼펜으로만 답을 작성해야 한다. 검은색이 아닌 다른 색 볼펜으로 답안을 작성하면 영점 처리가 된다는 점을 꼭 기억하자! 문제지에는 낙서, 기호 등 어떠한 표시도 절대 하지 말아야 한다.

취업한 뒤에 가장 어려운 점은 무엇일까?

직업상담사 2급 자격증을 취득했다면, 이제 취업의 문을 두드려야 한다. 직업상담사의 취업 경로는 일반적인 취업 과정과 흡사하다. 먼저 구인 공고를 통해서 직업상담사를 뽑는 기관의 정보를 얻어야 한다. 워크넷, 잡코리아 등의 구인 광고란을 눈여겨보면 직업상담사

구인 공고를 어렵지 않게 찾아볼 수 있다. 이제 이력서와 자기소개서의 서류전형을 통해 면접 과정을 거쳐서 취업한다.

구인 공고와 서류전형, 면접을 통해 어렵게 직업상담사로 취업했다고 해도 직업상 겪을 수 있는 몇 가지 어려움이 있다. 이 어려움을 미리 파악하고 해결 방법도 알아두자.

첫째, 직업상담사는 계약직이 꽤 많은 편이다?

직업상담사는 최근 무기계약직 정규직으로 전환되는 분위기이다. 직업상담사가 이전에 주로 계약직이었던 이유는 업무 자체가 정부 위탁사업이기 때문이다. 위탁센터의 경우 성과나 실적이 기준에 미달하면 위탁사업에서 탈락하는 일이 벌어진다. 직업상담사의 인건비는 전체 사업비의 일부이기 때문에, 사업 지속 여부가 불투명해서 비정규적으로 채용할 수밖에 없는 여건이 형성되었다.

그렇지만 우리나라의 산업구조가 달라지면서 정규직보다는 계약직이 주를 이루는 지금의 현실을 생각해 볼 때, 계약직이라고 해서 특별히 불리하지는 않다. 센터의 실적이 좋으면 사업은 지속되고, 비록 직업상담사가 계약직이라고 해도 해를 거듭해 재고용될 수 있는 여건이 마련될 수 있기 때문이다.

둘째, 급여가 높은 편은 아니다?

직업상담사의 급여는 초봉의 경우 2백만 원 내외 정도이다. 근속연수가 높아질수록 급여가 높아지는 다른 직업에 비해서 늘 초년생의 월급 체계를 유지한다는 점은 한편으로 기운 빠지는 일이다.

경력이 쌓여도 급여가 오르지 않는 이유는 무엇일까? 직업상담사의 실무 능력이 근속연수에 따라 크게 다르지 않기 때문이다. 구직자의 직업상담을 하는 업무상 매뉴얼이 어느 정도 마련되어 있기 때문에 초보 상담사와 경력직 상담사의 능력에 큰 차이점이 없다. 초기상담을 거쳐 취업까지 마무리하면 직업상담의 프로세스는 끝나기 때문에 초보 상담사든 경력자든 큰 차이가 나지 않는다. 그렇다고는 해도 근속연수와 경험에 따른 노하우는 분명한 차이를 보일 수밖에 없다. 상담사 개개인의 업무

능력 차이가 천차만별이라는 이유로 경력 인정에 소극적인 이유는 대다수의 직업상담사가 여성이라는 부분도 작용한다. 일부 여성 인력 시장이 저평가되거나 낮은 임금으로 고정되기 때문이다.

또 다른 이유로는 취업 진입 장벽이 낮아서 대졸 학력이라면 누구나 시작할 수 있는 일이다 보니 직업상담사의 능력 관리가 잘 이루어지지 않기 때문이다. 취직한 뒤 관리자의 관여가 없는 경우가 많아서 개인별 역량에 따라 상담의 질이나 취업률이 결정되므로 간혹 상담의 질이 떨어지는 경우도 있다. 이 때문에 능력 있는 상담사와 그렇지 못한 상담사가 탄생하고, 시장 자체의 연봉이 저가로 매겨지는 단점이 있다.

그러나 최근 무기계약직의 정규직 채용이 늘어나고, 경력직 채용을 선호하는 추세가 나타남으로써 경력직의 연봉이 3,600만 원 내외가 되기도 한다. 그동안 저가로 인식되었던 연봉 문제는 무기계약직의 정규직 채용이 정착되면 점차 나아질 것으로 보인다.

셋째, 직업상담사는 취업이 어렵다?

직업상담사를 뽑는 회사나 센터에서 신입직원을 뽑는 경우가 꽤 많지만, 이는 경우에 따라서 다르다. 신입직원을 원하는 곳도 있지만, 최근에는 경력직을 선호하는 회사나 기관도 심심치 않게 찾아볼 수 있다. 따라서 자신에게 알맞은 구직처를 찾고, 그곳에서 경력을 쌓은 뒤 경력직을 원하는 곳으로 이직도 가능하다. 또한 직업상담사로서 여러 해 경험을 쌓은 뒤 직업상담 관련 사업을 할 수도 있다.

직업상담사가 알면 좋은
디지털 정보

직업상담사는 양질의 좋은 정보를 많이 알고 있어야 구직자에게 구직처를 안내해 주거나 직업지도를 할 때 구체적인 도움을 줄 수 있다.

다음은 직업상담사가 알면 좋은 취업 관련 교육, 직업상담 가이드, 직업지도 프로그램 등을 찾아볼 수 있는 사이트이다. 아는 것이 힘이고, 지식이 무기가 되는 세상이므로 취업 관련 정보를 온몸에 두른 전문 직업상담사로 거듭나 보자.

직업상담사가 알면 좋은 사이트	사이트에서 제공하는 정보
한국고용정보원 www.keis.or.kr	• 연구성과 부분 • 취업 지원 서비스 제공을 위한 취업상담 길잡이 참고
여성가족부 www.mogef.go.kr/index.do	• 2030 여성을 위한 직업 정보
여성새로일하기센터 www.saeil.mogef.go.kr	• 2021 새로일하기센터 사업지침 • 직업교육훈련 목록
워크넷 www.work.go.kr	• 고용복지정책 • 구직자 취업역량 강화 프로그램
한국고용노동교육원 www.keil.kr	• 구직자 취업역량 강화 프로그램(직업 희망 프로그램) • 행복내일 취업 지원 프로그램 • 성취 프로그램 외 다수
NCS국가직무능력표준, NCS블라인드 채용 www.ncs.go.kr	• NCS 및 학습 모듈 검색란 • 학습 및 활용 패키지 학습 가능

직업상담사가 알면 좋은 사이트	사이트에서 제공하는 정보
경기도지식(GSEEK) www.gseek.kr	• 경기도 무료 온라인 평생학습 서비스

온라인무료취업지원
서비스 꿈날개
www.dream.go.kr
	• 취업 가능성 진단, 직업 교육,
	  취업상담
	• 이력서 클리닉, 모의 면접, 직
	  장 적응 상담

배움나라 www.estudy.or.kr	• 무료 평생정보화 교육 학습시 스템 운영

한국기술교육대학교
능력개발교육원
www.hrdi.koreatech.ac.kr
	• 훈련 교사의 직무능력 향상을
	  위해 고용노동부에서 설립한
	  국내 유일 대학 부설 전문 연
	  수기관
	• 산업기술 및 평생능력개발의
	  최고 현장 전문가 양성에 필
	  요한 신기술 선진 교수 기법
	  등의 특성화 교육, 훈련 프로
	  그램 운영

한국기술교육대학교 온라인평생교육원 www.e-koreatech.step.or.kr	• 온라인평생교육원 운영 • 교육비 무료

직업상담사가 알면 좋은 사이트	사이트에서 제공하는 정보
사회복지협의회 복지넷 www.bokji.net	• 전국 각 지역 아동/청소년/노인 관련 센터 현황 • 무료 직무교육
STEP 스텝 온라인평생교육원 www.step.co.kr	• 온라인 평생직업 능력개발 학습 플랫폼 • 고용노동부와 한국기술교육대학교 공동 개발
네이버 온라인 강좌 에드위드 www.edwith.org	• 네이버와 네이버 커넥트 재단이 함께 제공하는 온라인강좌 교육 플랫폼
네이버 비즈니스 스쿨 www.bizschool.naver.com	• 검색광고, 블로그, 동영상에 대한 교육 제공
서울시 소상공인 아카데미 www.edu.seoulsbdc.or.kr	• 소상공인들을 위한 교육 아카데미, 창업, 사업계획서, SNS 마케팅에 대한 강의 제공
소상공인 지식배움터 www.edu.sbiz.or.kr	• 소상공인을 위한 창업교육, 경영교육

직업상담사가 알면 좋은 사이트	사이트에서 제공하는 정보
서울시 평생학습 포털 www.sll.seoul.go.kr	• 공인중개사, 주택관리사, 직업상담사 등 취업, 자격증에 관한 내용
잇다 www.itdaa.net	• 현직 실무자가 들려주는 취업, 직업 관련 특강 • 온라인 멘토 시스템
코멘토 www.comento.kr	• 멘토를 통한 실무체험 멘토링 사이트
링커리어 www.linkareer.com	• 대학생 공모전 인턴 채용 공고 등
잡플래닛 www.jobplanet.co.kr/contents	• 채용정보 안내 사이트
커리어 www.career.co.kr	• 채용정보 안내 사이트

나의 공부 스타일 점검하기

무슨 시험이든 공부를 시작하려면 누구나 다 하는 고민이 있다. 나 홀로 공부를 할 것인가, 전문 학원의 도움을 받을 것인가 하는 고민이다. 혼자 공부하는 게 잘 맞는 사람, 또는 사람들과 함께 공부하면서 노하우를 공유하는 공부가 더 잘 맞는 사람이 있을 것이다. 나는 어떤 유형인지 다음 테스트를 통해 공부 스타일을 결정해 보자!

● 혼자 공부하는 스타일

• 목표 의식이 뚜렷하다. ······························· □

• 나 혼자 공부 일정표를 짤 수 있다. ··············· □

• 곧 죽어도 오늘 할 일은 오늘 다 끝낸다. ········· □

• 5시간 정도는 앉아서 공부에 집중할 수 있다. ··· □

• 나 혼자서 노는 게 편하다. ··························· □

• 시끄러우면 공부를 못 한다. ························· □

• 남과 같이 있으면 신경이 쓰여서 괴롭다. ········· □

• 나만의 공부 공간이 있다. ··························· □

• 사람 많은 카페에서도 혼자 공부한다. ············· □

● 사람들과 함께 공부하는 스타일

• 경쟁의식이라면 내가 일등이다. ····················· □

• 강사의 수업을 들어야 이해가 잘된다. ············· □

• 여러 사람과 어울려 수다 떨기를 좋아한다. ······· □

• 혼자 있으면 자꾸 유튜브로 눈이 간다. ············· □

• 오늘 할 일을 적당히 내일로 미룬다. ··············· □

• 책상에 오래 앉아 있기가 어렵다. ·················· □

• 공부하다가도 친구가 부르면 바로 응한다. ······· □

• 시험 족보 구하느라 발품을 판다. ················· ☐
• 혼자 공부하는 게 지루하고 외롭다. ·············· ☐
• 모여서 공부하고 밥을 먹고 커피도 마셔야 한다. ☐

　자신의 공부 스타일이 어느 쪽에 가까운가? 체크된
부분이 많은 쪽이 당신의 공부 스타일이다. 자신의 공부
타입을 알았다면 이제는 실전 공부로 돌입해 보자.

3장

직업을 연습합니다

직업상담사가
다른 직업보다 좋은 점

시니어도 자격증 도전이 가능하다

어느 직업이나 모두 장단점이 있다. 한동안 철밥통이라고 해서 최고 인기를 구가했던 공무원의 인기가 최근 시들해지고 있다. 공무원 사회의 '라떼 문화'가 젊은 층의 문화와 충돌하는데다가 직업적 성취감을 누리기 힘든 직업이기 때문이다.

직업상담사는 비록 공무원은 아니지만, 자격증을 획득해야만 직업 현장으로 뛰어들 수 있는 전문적인 영역이다. 그런데도 통상적으로 4~6개월 정도의 수험기간을 거치면 자격증을 획득할 수 있으며, 비교적 합격률도 높은 직업군 중의 하나이다. 4년제 대학 졸업자라면 누구나 시험에 응시할 수 있으므로 자격증 도전의 문턱도 낮은 편이다. 취업 절벽의 시대에 수십 개의 자격증을 지니고도 실제 취업 도전에서는 쓴맛을 보는 경우가 많은 것에 비해 직업상담사는 취업도 비교적 수월한 편이다.

미래 전망이 좋은 직업이다!

직업상담사는 미래에 더 필요한 직업군이라, 전망도 비교적 밝은 편이다. 현재 한 사람이 평생 4~5군데 직장을 다닐 거라는 전망을 생각해 보자. 미래 사회에는 이직이 더 많아질 것이며, 이직과 전직을 꿈꾸는 사람이 많다는 점을 고려하면, 직업상담사의 수요는 더욱 늘어날 수밖에 없다. 그런 점에서 직업상담사는 미래 사회에 더욱 주목받을 직업군이 될 것이며, 현재보다도 미래에 그 가치와 수요는 더욱 높아질 것이다.

또한 예전에는 취업이 단순히 각 개인의 실력만으로 도전하고 합격해야 하는 개인의 과제로 여겨졌다. 그에 반해, 오늘날에는 국가에서 관리해야 하는 영역 중 하나로 평가된다. 4차 산업혁명 사회가 도래하면서 사라질 직업군이 늘어났음은 물론이고, 곧 로봇이 인간의 일자리를 대체하는 것이 아닌가 하는 두려움이 일각에 있다. 따라서 취업은 각 개인의 도전 수행과제인 동시에, 나라에서 책임져야 하는 공적 관리 영역 중의 하나가 되었다. 실업급여가 취업이 공적인 영역으로 들어왔다는 사실을 보여주는 초기의 정책이었다면, 기본 소득과 일자리 창출, 취업에 대한 지원 등은 공적 영역에 들어온 취업을 분석할 수 있는 핵심 지표라고 볼 수 있다.

실업급여 지급이 우리나라 취업 지원 제도 공적화의 시초였다면, 국민취업지원제도는 공적 지원 제도의 중간 단계로 볼 수 있다. 만약 취업과 이직에 대한 지원, 더 나아가 제대로 된 일자리 창출이 이루어지지 않는다면 우리나라 경제의 전망은 어둡고 불투명할 것이다. 정부는 취업 지원 제도 못지않게 일자리 영역에서의 확장성을 키워야 한다.

상사가 주는 스트레스는 거의 없다

직업상담사는 대체로 상사가 거의 없거나 혼자서 일하

는 경우가 많으므로, 자신의 일처리를 일일이 지적할 상사가 없는 점이 장점 중의 하나이다. 많은 직장인이 회사를 옮기고 싶을 정도로 스트레스를 받는 부분 중의 하나로 대표나 직장 상사와의 마찰을 꼽는다. 그런 점을 고려할 때, 직장 상사가 없다는 점도 장점으로 볼 수 있다.

또한 직업상담사가 두 명 이상일 경우에도 대체로 같은 직급이거나 업무를 독립적으로 수행하기 때문에, 동료로 지낼 뿐이지 상사-부하직원의 수직적인 관계는 아니다. 함께 고민을 나누는 동료일 뿐, 상사로서 스트레스를 주지 않는다.

직업상담사 한 사람이 담당하는 내담자 수가 많다는 점이 스트레스 요인으로 작용할 수는 있지만, 내담자가 취업을 하거나 이직에 성공했을 때 느끼는 보람은 이 직업의 장점 가운데 하나이다.

직업상담사가 다른 직업보다
힘들고 어려운 점

일을 배울 상사가 없다

직업상담사는 각 센터에 한 명 정도에 불과하거나 센터장이 한 명인 경우가 대부분이다. 그러므로 초보 직업상담사라고 해도 그에게 업무를 제대로 가르쳐줄 사람이 없다. 나를 괴롭힐 상사가 없다는 점이 장점이기도 하지만, 일을 처음 시작하는 초보 상담사에게는 제대로 일을 배울 상사가 없다는 것이 힘든 점으로 다가올 수 있다.

전임자에게 인수인계를 제대로 받았다고 하더라도 실제 업무를 접하면 도대체 어디서부터 어떻게 일을 해야 할지 속수무책인 경우가 있다. 최악의 경우에는 출근 첫 날부터 내담자와의 면담 약속을 잡는 등 실전에 투입될 수도 있다. 막상 내담자를 어떻게 상대해야 할지 갈피도 잡지 못하는 상황에서 실무를 진행해야 하는 아찔한 경험을 할 수도 있다는 것이다. 게다가 아직 손에 익지 않은 컴퓨터 작업을 진행해야 하는 등 처음에는 업무상 어려움을 겪을 수도 있다.

이는 초보 직업상담사들이 왕왕 호소하는 부분이다. 입직하고 실전에 돌입한 뒤 누군가가 가르쳐 주지도 않고, 스스로도 갈팡질팡 길을 잃고 헤맬 때 올바른 방향성을 제시해 주는 선배나 직장 상사가 없어서 어려움을 겪는다. 그래서 많은 초보 직업상담사들이 "과연 내가 하고 있는 일이 맞는가?", "이렇게 하는 게 잘하는 건가, 잘못하고 있는 건가?" 등의 내적 어려움을 토로한다. 그러므로 좁은 문을 뚫고 운 좋게 취업에 성공했다고 해도 처음 얼마간은 막막함이나 어려움을 겪을 수 있다는 점을 염두에 두고 시작하는 편이 낫다.

연봉의 인상 폭이 좁고 더디다

직업상담사 초봉은 연봉 2,400만 원 정도가 통상적 수준이다. 대기업 신입사원 초봉 정도의 수준은 아니지만, 9급 공무원 초봉이 그 정도이니 그리 낮은 연봉은 아니다. 그렇지만 직업상담사는 대부분 계약직으로, 매년 재계약을 진행하다 보니 매년 호봉이 올라가는 공무원과는 달리 연봉 인상을 크게 기대하기 어렵다. 그러므로 해가 갈수록 임금이 많아지는 주변 지인들과 월급을 비교해 보면 한숨이 나기 마련이다.

직업상담사가 임금 인상 효과를 기대하기 어려운 데는 몇 가지 이유가 있다. 우선 계약직이 많다는 점, 초보 직업상담사와 경력 직업상담사의 업무가 비슷하다는 점, 회사 이동이 잦다는 점 등이다. 경력직이어도 연봉 인상의 폭이 좁고 더디다는 점 때문에 지칠 수 있는데, 스스로 능력을 키워서 전문 직업상담 컨설턴트로 커리어를 업그레이드하는 등 자기만의 미래를 꿈꿀 수 있다.

담당하는 내담자가 많다

현재 직업상담사가 운용하는 프로그램은 대부분 정부

핵심 지원 사업 중의 하나인 국민취업지원제도이다. 국민취업지원제도의 경우 구직자 상담뿐만 아니라 기업체 발굴, 사업 홍보, 여러 취업지원 프로그램 참여자 모집 등의 모든 업무를 담당한다. 구직자 관련 업무 역시 구직상담, 구직촉진 수당, 교육훈련, 고용보험 가입 등 상담자의 취업 과정 전반을 다뤄야 한다.

상담자가 몰리는 일부 센터의 경우에는 직업상담사 1명이 약 100명 정도의 구직자를 상담하고 관리하며, 이에 따르는 행정업무까지 모두 진행해야 한다. 그러므로 각 구직자마다 적합한 직업을 연계해 주고 취업 과정 전반을 컨설팅해 주는 일은 쉽지 않게 여겨질 수 있다.

한 명의 직업상담사가 담당해야 하는 실질 인원은 센터마다 큰 차이가 있다. 극히 일부이기는 하지만 어떤 센터의 경우에는 국민취업제도와 관련해 구직자 1만 명에 달하는 업무량을 처리했다고 하니, 실질적으로 담당하는 인원은 천차만별이다.

따라서 직업상담사의 업무가 상담만 하는 것이라고 생각해서 무작정 취업에 뛰어들었다면 실전에서 누구보다도 빨리 한계를 느끼고 벽에 부딪힐 수밖에 없다. 그러므로 직업상담사 업무를 성공적으로 수행하기 위해서는 업무 처리 능력을 향상시키는 노력을 가장 먼저 기울여야 하며, 그 뒤 상담업무의 비중을 높이는 것이 효과적이다.

직업상담사는 계약직이다

2020년 2급 직업상담사 채용 건수를 분석한 결과 총 107건의 채용공고 중 70퍼센트가 정규직, 30퍼센트가 계약직이었다.[1] 그동안 직업상담사는 계약직이 대부분이어서 직업 안정성이 떨어진다는 의견이 많았으나, 직업상담사의 필요성이 점점 더 커지면서 고용조건 역시 변화되고 있다.

직업상담사 지역별 채용 현황을 살펴보면 서울 40건, 경기 20건, 부산 9건, 대구 6건, 인천 6건, 경남 5건, 경북 4건, 대전 2건, 전남 2건, 충남 2건, 울산 1건이다. 다시 말해, 직업상담사 일자리가 서울과 경기에 주로 집중되어 있는데, 이는 향후 개선되어야 할 문제이다. 수도권

---

1   제이훈의 스마트 사업 관리(https://wellcometokorea.tistory.com)

일자리 집중화 현상은 어제오늘 일이 아니며, 정부청사의 지방 이전 등의 지속적인 노력이 더 필요한 지점이다.

그렇다고 해서 좌절할 일만은 아니다. 공공 부문에서는 청년, 경력단절 여성, 고령자, 은퇴자 등으로 나누어 서비스를 제공하고 있고, 민간시장에서는 임원 등 고급 은퇴 인력, 기술 전문인력 등 분야 및 인력 특성에 따라 사업을 세분하여 전문화하는 추세이다. 또한 초 · 중 · 고등학교 학생을 대상으로 진로상담이나 강의 등을 제공하는 사례도 증가하고 있고, 최근 많은 대학들이 취업전문 상담센터를 개설하는 추세이므로 민간시장에서 일자리 창출이 더욱 늘어날 것으로 전망하고 있기 때문이다.

잡무 처리가 많다

직업상담사가 주로 구직자를 상담하는 일을 할 거라고 생각하고 취업한다면 현장에서 실전 업무를 수행할 때 조금 당황스러울 수 있다. 직업상담사는 고용노동부 혹은 시 · 군 · 구청의 일자리센터나 고용노동부의 위탁을 받은 민간업체 소속이 되는 경우가 대부분이다. 이 때문에 고용노동부에 실적 보고나 업무 보고를 지속적으로 해야 하는 경우가 많다. 이에 따른 상담 보고나 실적 보고 등 업무 보고를 전산상에서 해야 하므로 의외로 처리해야 할 잡무가 많은 편이다. '오늘은 일이 많았으니까 내일 처리하면 되겠지.' 하며 안일한 생각으로 업무를 처리한다면 나중에는 일거리가 쌓여서 울면서(?) 업무를 처리해야 할지도 모른다. 그러므로 그날 일은 그날 안에 끝낸다는 생각으로 날마다 업무를 처리하는 것이 중요하다.

직업상담사는 구직자 상담업무, 상담 보고서 작성, 구직촉진 수당 업무, 이력서와 면접 컨설팅, 고용보험 업무 처리는 물론 전화민원 등도 매일 해야 하므로 업무가 많은 편이다. 그래서 초보 직업상담사의 경우 업무 처리에 치여서 날마다 야근하는 경우도 종종 있다. 이에 대비하기 위해서는 처음부터 실무와 상담의 균형을 잘 잡고 업무를 처리하면서 숙련도를 높여야 한다.

중장년층을 상대하는 노하우

직업상담사가 맞닥뜨리는 구직자의 연령층은 아주 다양하다. 이제 막 학교를 졸업한 사회 초년생을 만날 수도 있고, 전직을 원하는 직장인이나 재취업을 원하는 시니어를 만날 수도 있다. 개개인별 맞춤 취업상담은 직업상담사가 해야 할 필수적인 기본 업무이다. 그렇지만 자격증 시험을 거쳐 막 업무를 시작한 신입 직업상담사의 경우에는 익숙지 않은 상담업무를 자연스럽게 진행하는 데 어려움을 겪을 수밖에 없다. 특히 세상살이의 내공이 훨씬 깊고 기가 센 중장년층의 구직자들을 상담하는 일은 더욱 쉽지 않다.

구직자들과 라포르를 형성하는 것도 어려운데다가 적합한 직업 정보를 내밀거나 구직자들이 취업에 성공하도록 이끄는 것도 결코 만만한 일이 아니다.

중장년층의 어떤 사람들은 직업상담사가 자신보다 상대적으로 연령이나 경력, 노하우 등이 적다고 판단되면 고압적인 자세를 취하기도 한다. 그런 경우 직업상담사로서의 위엄이나 전문지식 등을 보여줌으로써 상대방에게 자신이 그 분야의 전문가임을 명확히 인지시켜야 한다. 그 뒤 구체적이고 세부적인 질문을 통해 상대방이 정확히 필요로 하는 부분을 끌어내야 한다. 이 경우 시니어 구직자에게 약속한 부분은 명확하게 지켜서 신뢰를 확보해야 하는 것은 기본이다.

물론 이와 같은 연령별 상담 노하우는 한 번에 얻을 수 없다. 수많은 경험과 끊임없는 학습을 통해 얻을 수 있는 노하우이므로, 직업상담사 개인의 끊임없는 노력도 필요하다.

취업 실적이 전부다?

고용노동부 위탁기관인 고용복지플러스센터, 여성새로일하기센터 등 수많은 취업 관련 기관은 해마다 고용노동부에 실적을 보고해야 한다. 이때 실적이 제대로 나오지 않은 센터는 다음 해 위탁기관에서 제외된다. 이런 이유로 직업상담사는 '실적이 전부'라는 말이 나돌 정도로 실적에 목을 맨다. 직업상담사가 내담자에게 얼마나 노력을 기울였는지 과정은 중요하지 않고, 몇 명에게 취업 알선을 했는가와 같은 실적으로 평가받는다. 직업 분류상 직업상담사와 취업 알선원은 구분되지만, 결국 현장에서는 직업상담사가 거의 취업 알선 업무 위주로 일한다. 알선 취업인 수로 평가받다 보니 어쩔 수 없는 부분이기도 하다.

그러나 알선 취업이 직업상담사 본인의 노력만으로 이루어지는 것은 아니어서 취업 실적을 내는 게 쉬운 일만은 아니다. 상담사의 역량과 부지런함이 중요하지만, 구직자의 자발적 동기와 의욕 역시 중요하기 때문이다. 특히 구직촉진 수당처럼 실비를 받는 경우는 더욱 애로 사항이 있다. 참여자 중 구직촉진 수당을 받는 경우는 6회 차까지 모두 받은 뒤 취업하기를 원하는 구직자들도 있어서 직업상담사만 애가 탈 뿐이다.

　국민취업제도와 같은 정부 지원 사업은 취업 성과를 내지 못하면 다음 해 위탁을 받을 수 없으므로 실적 압박이 늘 뒤따르게 된다. 관할 고용센터 역시 실적이 낮으면 해당 지역 내 정부 지원 사업이 제한되는 상황이 발생한다. 그런 이유로 위탁기관의 실적만 좋다고 해서 해결될 문제가 아니라 고용센터 실적도 함께 올라가야 결과적으로 많은 사업을 유치할 수 있다. 그렇기에 취업 실적 압박을 받는 4분기에는 직업상담사들이 받는 스트레스도 배가 된다.

미리 체험하는
직업상담사

직업상담사 자격증을 땄다고 해서 갑자기 실무를 잘할 수 있는 것은 아니다. 교사 자격증을 땄다고 해서 학교 현장에서 곧바로 우수 교사가 될 수 없는 것과 마찬가지다. 내가 직업상담사 자격증을 취득했는데, 과연 이 일을 잘할 수 있는지 알아보고 싶다면 몇 가지 방법이 있다. 직·간접적으로 직업 체험을 해보는 것이다. 직업 체험을 해보는 방법은 다음과 같다.

첫째, 직업상담사 실무 트레이닝 과정에 참여한다.
여성가족부 지원으로 직업상담사 실무교육을 받을 수

있는데, 이 과정에 등록하면 교육비는 여가부에서 지원해 준다. 다만 교육을 받으려면 교육생이 미리 10만 원을 내야 한다. 수료하면 5만 원, 취업하면 나머지 5만 원을 돌려준다. 직업상담사 취업을 원하는 미취업 여성, 직업상담사 또는 사회복지사 자격증이 있는 경우에는 우대받을 수 있다.

구분	교육 내용
직업상담 실무	• 직업심리검사 기법(선택, 실시, 해석) • 취업상담(구직자 역량 파악, 상담기법 활용, 사정 기법, 직업 정보 분석 등) • 직업상담의 이해, 근로기준법
직업상담 행정실무	• 정부 고용서비스 실무 및 정부 취업 지원 제도 • 채용 흐름 분석 및 취업 지원 실무
정보화 실무	• 엑셀 실무 활용

출처: 구로여성인력개발센터, 〈직업상담사 실무 트레이닝 과정〉, 2022년

● 실무교육을 받을 수 있는 곳은 어디일까?

각 지역의 여성발전센터, 여성인력개발센터, 여성새로일하기센터 등에서는 현장 실무를 위한 교육을 수시로 한다. 각 센터 홈페이지나 HRD-net을 찾아보면 실무교육을 받을 수 있는 곳을 쉽게 찾을 수 있다. 또한 직업상담사 관련 인터넷 카페에서도 실무교육 관련 정보들이 수시로 올라오니 참고하면 좋다. 이 밖에 온라인경력개발센터 꿈날개, 여성워크넷 사이트를 참고해 보자.

둘째, 직업상담사 자격증으로 일할 수 있는 기관에 가서 간접적인 직업 체험을 해본다.

고용센터, 시·군·구청 일자리센터, 여성새로일하기센터, 국민취업지원제도(구, 취업성공패키지), 중장년일자리센터 등 직업상담사들이 실제로 일하는 기관에 가서 환경을 살펴본다. 그 뒤 직업상담사와 상담 약속을 잡고 상담을 받아본다. 직업상담사로 일할 때 필요한 구체적인 질문 리스트를 직접 작성해서 답변을 얻는 것이 추후 방향성을 잡는 데 큰 도움이 될 것이다.

● 예비 직업상담사로서 해보면 좋은 질문 모음

① 직업상담사가 하는 업무는 어떤 것인가요?

② 구직자들과 상담 진행은 하루 몇 건이고, 어떤 내용으로 진행하나요?

③ 몇 명의 구직자들을 담당하고 있나요?

④ 기관의 환경은 어떻습니까?

⑤ 실적 압박은 어느 정도인가요?

⑥ 계약직과 정규직 중에 어떻게 계약을 하나요?

현장에서 일하는 직업상담사와 상담하고 나면 구체적으로 어떤 일을 하는지 알게 된다. 이 일이 나에게 맞는 일인지, 취업 이후에도 꾸준히 할 수 있는 일인지 의문이 어느 정도 해소될 것이다. 그뿐만 아니라 이후 구직 시 이력서 작성과 면접 방향을 잡는 데 큰 도움이 될 것이다.

인터뷰하는 도중 직업상담사의 표정이나 말투 등을 주의 깊게 살펴보고, 상담을 이끌어나가는 방법을 세심하게 관찰해 본다. 이런 사소한 요소들이 취업한 뒤에 결정적인 도움을 주기도 한다.

만약 주의 깊게 직업상담사의 업무를 살펴보고 싶다면 센터에 방문해서 관찰하는 것도 좋은 방법이다. 상담사들이 하루 일과 중 몇 건의 상담을 하는지, 구직자들을 대하는 태도는 어떠한지, 이후 어떤 업무를 하는지 등을 실제로 관찰하면 많은 정보를 얻을 수 있다. 같은 직업상담사라고 하더라도 기관별, 사업별 상담사의 역할과 상담의 방향이 다를 수 있다. 그러므로 여러 기관을 두루 둘러보는 것도 좋은 방법이다. 이 같은 직업 체험을 통해 나와 맞는 직업인지, 내가 잘할 수 있는지 판단할 수 있다.

셋째, 국민취업지원제도와 같은 다회성 상담 프로그램에 직접 참여한다.

많은 직업상담사가 국민취업지원제도 프로그램을 운영하고 있으므로, 구직자의 입장이 되어 직업상담을 받는 것도 좋은 방법이다. 그러면 직업상담사들이 어떤 방식으로 일하는지를 직접 체험해 볼 수 있다. 게다가 취업을 위해 이력서와 면접 컨설팅을 받을 수도 있고, 구인 정보를 매칭받을 좋은 기회가 될 것이다.

이력서와 자기소개서
작성 방법

　사람마다 각자 이력, 경력, 경험 등이 모두 달라서 각자 이력서와 자기소개서 내용은 다를 수밖에 없다. 사실 모든 직종이 다 마찬가지지만 직업상담사 취업에 성공하려면 이전 경력을 재구성하여 새롭게 정리해야 한다. 자기소개서 작성에 정답은 없다. 직업상담사 취업 역시 다른 직업 취업과 다를 바 없다.

　취업에 성공하기 위해서 이력서와 자기소개서를 작성할 때 가장 중요하게 내세워야 하는 점은 무엇일까? 무엇보다 다른 사람이 아닌 바로 내가, 그 직업을 성공적으로 수행할 수 있는 적임자임을 보여주는 것이다. 만약 내가 학원 강사로 취업하기 위해서는 어떤 점을 어필해야 할까? 내가 가르칠 과목의 전공자라는 점, 잘 가르칠수 있다는 점, 학생들을 잘 이끌고 교육할 수 있다는 점, 학원 성공에 도움이 된다는 점 등을 어필해야 한다.

이와 마찬가지로 직업상담사로 취업하기 위해서는 내가 직업상담사로 적합한 사람임을 입증하기 위해 노력해야 한다. 그러면 직업상담사로 어필할 수 있는 요소들은 과연 무엇이 있을까?

상담 분야에서 역량이 있다는 점, 행정업무 경력이 있다는 점, 홍보 업무를 해봤다는 점, 직업 매칭이나 알선에 능력이 있다는 점 등을 어필하는 것이 취업 성공에 도움이 될 것이다.

어떤 점을 주로 강조하는 것이 좋을지 해당 업무로 살펴보자.

구분	어떤 점을 강조해서 쓸까?
행정 업무 시 필요능력	• 내담자에 대한 친절한 응대 • 내담자 취업 실적 관리를 위해 최선을 다하는 노력 • 취업 전신망을 관리하는 꾸준함 • 개인 정보 보호에 만반을 다하는 태도 • 내가 속한 시설을 제대로 관리하는 노력 • 내가 속한 조직의 구성원과 의사소통하고 협업하려는 노력 • 직업상담 사업에 기여하는 마음가짐과 성실함
직업심리검사 해석 시 필요능력	• 검사 결과에 대한 정확한 판정과 해석 능력 • 직업심리검사 매뉴얼에 따른 분석과 적용 능력 • 내담자의 성향에 따른 종합적이고 다각적인 판단 능력 • 객관적 판단 근거로 해석하는 태도 • 내담자의 다양한 성향과 개성을 존중하는 태도 • 내담자의 권리를 존중하려는 태도 • 직업심리검사 시 알게 된 정보에 대한 비밀 유지

출처: 강미교, 『어쩌다 직업상담사』, 중앙경제평론사, 2022

실전! 면접 모의고사

면접에 어떤 질문이 나올지를 미리 알고 모의 면접 준비를 해가면 훨씬 자신감 있게 면접을 진행할 수 있다. 과연 어떤 질문이 나올까? 미리 살짝 면접 모의고사를 치러보자.

면접 모의고사

Q1. 지원 동기는 무엇인가요?

출산과 육아를 담당하면서 경력이 단절되었지만, 이전 직업에서도 상담 업무를 수행했습니다. 어느 정도 아이를 키우고 나서 다시 직장을 구해야겠다고 결심하면서 이왕이면 전문 직종에 도전하고 싶었습니다. 그래서 이전 직업 경험과 연결된 자격증을 알아보다가 직업상담사 자격증 시험에 도전했고 자격증을 취득했습니다.

직업상담사 시험과 실무교육을 받으면서 저에게 맞는 직업이라는 생각이 더 들어서 취업에 도전하게 되었습니다.

Q2. 이전 회사에서는 어떤 업무를 담당했나요?

예전에는 학원 상담 업무를 담당했습니다. 학생, 학부모들과 상담하면서 희로애락을 같이 나누었습니다. 별도로 상담을 공부하며 그분들에게 조언이나 위로를 드렸습니다. 그러는 과정에서 상담 경험들이 다수 쌓였습니다. 그때 했던 경험이 직업상담 업무에도 조금 도움이 될 거라고 생각합니다.

Q3. 행정업무에 관한 이전 경력을 말씀해 주세요.

이전 회사에서 파워포인트나 엑셀 등을 사용해 행정업무를 했습니다. 이곳에서 요구하는 행정업무 역시 수

월하게 할 수 있을 거라고 생각합니다.

Q4. 국민취업지원제도에 대해서 아는 대로 말해 보세요.

국민취업지원제도는 취업을 원하는 사람한테 취업지원서비스를 종합적으로 지원하고, 저소득 구직자에게는 생계를 위한 최소한의 소득도 지원합니다. 국민취업지원제도 참여 자격조건을 갖춘 사람에게 고용복지플러스센터에서 관련 취업서비스와 구직수당을 지원합니다. 그에 따라 구직자는 취업 활동 계획을 수립하여 구체적인 구직활동을 하도록 의무를 부여하고, 계획대로 활동하고 있는지 점검합니다. 구직활동 의무를 성실히 이행한 경우에만 구직촉진 수당을 지급하고, 의무를 이행하지 않으면 수급이 제한됩니다.

Q5. 해당 업무를 담당할 나만의 장점은 무엇인가요?

이전 직업에서도 상담업무를 담당했고, 다른 사람들의 고민을 들어주고 조언해 주는 것 역시 제 성향과 잘 맞습니다. 행정업무까지 담당했기 때문에, 상담과 행정업무를 모두 해야 하는 직업상담사에 장점으로 작용할 거라고 생각합니다.

Q6. 앞으로 어떤 직업상담사가 되고 싶은가요?

취업이 시급한 구직자들에게 실질적으로 도움을 주면서도 그들의 용기를 북돋아 주고 싶습니다. 부지런한 상담과 일 처리를 통해 구직자들이 취업에 성공할 수 있도록 돕는 직업상담사가 되고 싶습니다.

Q7. 마지막으로 하고 싶은 말이 있나요?

직업상담사로서의 경험은 없지만, 남을 도와주는 데 보람을 느끼는 제 성격에 자신감이 있습니다. 그리고 상담 경력, 행정업무 경력이 있어 이 일에 잘 적응할 수 있습니다. 거기에 제 성실성과 노력, 최선을 다하는 점까지 더한다면 시너지가 날 거라고 생각합니다.

4장

어디에서
일할 수 있을까?

고용복지
플러스센터

고용복지플러스센터는 국민이 쉽고 편하게 필요한 도움을 받을 수 있도록 고용, 복지, 서민금융 서비스를 한 곳에서 원스톱으로 지원하는 협업모델이다. 다시 말해 고용센터(고용부), 일자리센터(자치단체), 복지지원팀(복지부, 자치단체), 여성새로일하기센터(여가부), 서민금융센터(금융위), 제대군인지원센터(보훈처) 등 다양한 기관이 참여하여 고용, 복지, 서민금융 등의 서비스를 원스톱으로 제공하는 노동부 산하 기관이다. 전국100개소 이상 설치되어 고용-복지 통합 서비스를 제공하고 있다.

자, 내가 일자리를 찾는 기초생활수급자라고 생각해

보자. 이전에는 취업상담을 위해 취업센터에 들렀다가, 다시 발길을 돌려 생계급여 수급을 위해 '복지센터'에 가야 했다. 그러나 이제는 고용복지플러스센터에서 모든 혜택을 누릴 수 있게 되었다. 취업상담+복지+서민금융을 한곳에서 다 상담받을 수 있으니 여러 곳에 갈 필요가 없다.

고용복지플러스센터 참여기관 및 체계도

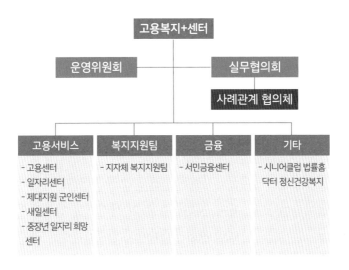

고용복지플러스센터에서는 사람들에게 무엇을 제공해 줄까?

첫째, 실직자 생계안정을 위한 구직급여 신청을 도와준다. 흔히 '실업급여'라고 불리는 이 제도는 실직자의 생계안정을 위해 일정 기간 급여를 지급하는 제도이다. 해고, 계약종료 등 비자발적인 이유로 실직했다면 고용복지플러스센터에서 구직급여를 신청하거나, 온라인 고용보험 사이트에서 구직급여를 신청할 수 있다. 구직급여 신청 이후에도 재취업을 위한 활동 내역 제출이 따르므로 관련 부분에 대한 자세한 상담을 받을 수 있다.

둘째, 맞춤형 취업 지원 서비스를 제공받을 수 있다. 직업을 찾는 청년, 장기 복무 후 제대를 앞둔 군인, 경력단절 여성, 실직한 직장인, 제2의 직업을 준비하는 중장년, 장애인 등 취업을 원하는 사람들에게 취업상담, 일자리 알선 등의 서비스를 제공한다.

관련 기관	기관 제공 서비스
고용센터	실직자 생계안정을 위한 구직급여 및 재취업 지원, 구인, 구직자 맞춤형 취업 지원, 일자리 창출과 취약계층 등을 지원하는 고용안정 사업 등 종합 고용 서비스 제공
시·군·구 일자리 센터	지역별 구직자 취업지원 및 일자리 발굴, 채용 행사 등 취업 지원 서비스 제공
여성새일 센터	출산과 육아 등으로 경력이 단절된 여성을 대상으로 취업상담과 직업교육 훈련, 인턴십 연계 등 경력단절 여성 맞춤형 고용 서비스 제공
중장년 일자리 희망센터	40대 이상 중장년 퇴직(예정)자에게 재취업 및 창업, 생애설계 지원, 사회참여 기회 제공 등의 종합 전직 서비스 제공
제대지원 군인센터	중·장기 복무(5년 이상) 제대(예정) 군인에게 진로상담, 취·창업 지원 등을 통해 성공적인 사회 안착 지원

고용플러스센터는 직업상담사가 취업할 수 있는 가장 대표적인 일자리이다. 계약직 혹은 정규직으로 취업할 수 있으며, 초봉은 2,400만 원 내외이다. 경력직의 경우

약 3,800만 원까지 다양하다. 불과 몇 년 전까지만 해도 대부분 계약직이었으나 점차 그 추세가 달라지고 있다. 최근 직업상담사 고용이 무기계약직 정규직으로 전환되고 있으니 이 점을 눈여겨보아야 한다.

고용복지플러스센터는 지역마다 업무 강도나 직업상담사 1인당 할당 인원수가 다르므로 하나로 뭉뚱그려서 설명하기는 어렵다. 그러나 국민취업제도를 바탕으로 점점 그 필요성이 커지고 있어 직업상담사가 취업할 수 있는 대표적인 기관이라고 볼 수 있다.

시·군·구청
취업정보센터

　각 시·군·구청에서도 지자체별 상황에 맞게 취업정보센터를 운영하고 있다. 지자체별로 명칭도 각각 상이하다. 취업정보센터, 일자리센터, 일자리지원센터 등의 이름으로 불린다. 명칭은 각각 다르지만 지자체별 우수 일자리 발굴, 취업상담, 진로상담 등 직업상담사의 기본 업무를 수행한다.

　예를 들면 경기도 성남시는 지역 내 48곳에 일자리상담센터를 마련해 직업상담사가 주민과 가까운 곳에서 서비스를 지원하고 있다. 직업상담사는 여수동 시청 2층 일자리센터, 구미동 농협하나로마트, 성남고용복지플러스센터, 한국폴리텍대학 성남 캠퍼스, 수정 중원 분당구청, 35곳 거점동 주민센터, 특성화고등학교 6곳, 구미동 한국방송통신대학 성남시학습관에도 각각 배치돼 있다. 성남시 일자리상담센터는 청년층, 중장년층, 특성화 고교생, 여성, 퇴직자 등 대상별로 4~5주의 맞춤형 취업교육을 실시한다. 상설 면접도 진행해 구직자의 특성과 취업 여건에 맞는 직장을 알선한다. 또 연 3회 취업박람회, 연 4회 구인·구직자 만남의 날, 연 17회 찾아가는 일자리버스 등 다양한 방법으로 취업을 돕는다.

앞서 경기도 성남시의 예를 들었는데, 지역 센터별로 진행하는 사업이 각각 다르다. 지자체별로 채용공고가 나오고, 채용인원, 계약직 정규직 여부, 월급 등이 다르므로 워크넷이나 지자체별 홈페이지 등을 참고해 보자.

공공 직업
훈련기관

'직업전문학교', '평생교육원' 등의 이름이 붙은 각종 직업훈련기관에서도 직업상담사를 채용한다. 직업훈련 기관은 초·중·고등학교 대학의 정규교육을 제외한 모든 교육이 이루어지는 평생교육기관 중에서 직업훈련 포털인 HRD-net에 등록된, 국비교육을 진행하는 대부분의 교육기관을 말한다. 그렇지만 직업훈련기관에서 직업상담사가 맡는 업무는 일반 직업상담사의 업무와 조금은 다르다.

여러 고용센터나 일자리센터에서 진행되는 직업상담사의 일반 업무가 구직자 상담이라면, 직업훈련기관 직업상담사가 주로 하는 업무는 훈련기관의 업무와 관련이 있다. 교육기관 평가, 인증, 훈련 승인 등 HRD 행정, 교육 기획, 홍보, 모집, 훈련생 교육상담, 취업상담, 교·강사 관리, 훈련생 출결 관리 등 다양한 업무를 진행한다. 행정업무가 많으므로 기본적으로 한글, 엑셀, ppt와 같은 사무 자동화 프로그램(OA)에 능숙해야 한다. 또한 교육기관 및 교육과정 홍보가 매우 중요하니만큼 홍보물을 제작해야 한다. 따라서 미리캔버스(디자인플랫폼), 포토샵, 일러스트, 영상 편집용 프로그램 등을 다룰 줄 알면 취업에 유리하다.

그리고 평생교육기관의 특성상 성인 학습자가 대부분이다 보니, 야간 과정이나 주말 과정을 진행하는 경우가 많으므로 야간, 주말 당직이 있는 곳이 대부분이다. 추가 근무 부분은 기관마다 다른데, 주중 대체 휴무 부여나 추가수당 지급 등의 절차가 다르다. 또한 채용 준비를 위해서는 내가 지원하는 교육기관에서 어떤 강의가 이루어지는지 미리 알아보고 그 기관이 특별히 중요하게 여기는 부분을 공부하는 것이 중요하다.

평생교육기관의 직업상담사는 앞서 소개한 행정업무

를 주로 하지만, 이와 병행하여 취업 알선을 하기도 한다. 특히 국비지원으로 진행하는 직업훈련기관의 경우에는 고용노동부의 여러 지표 중 '취업률' 지표가 중요하다. 그러므로 훈련수강생에 대한 적합한 일자리 정보 일신과 같은 취업 알선 상담을 진행해야 한다. 비교적 규모가 큰 직업훈련기관의 경우에는 직업상담사가 행정 업무를 담당하지 않고 취업 알선 상담과 이력서, 자기소개서 컨설팅 등 취업 본연의 상담업무와 컨설팅업무를 전담하기도 한다.

교육훈련기관의 월급은 훈련기관, 지역, 경력 등에 따라 다르지만, 초봉 2,400만 원 내외로 보면 된다. 경력직의 경우는 연봉이 상이하니 각 채용공고와 면접을 참고하면 된다.

여성·노인 관련
센터

여성새로일하기센터(새일센터)

여성새로일하기센터는 취업을 희망하는 경력단절 여성 및 미취업 여성에 대한 원스톱 취업 지원 서비스를 제공하는 사업을 하는 여성가족부, 고용노동부 지정 취업 기관이다. 현재 전국 159곳에 설치되어 있다(2022년 기준).

서울	부산	대구	인천	광주	대전	울산	경기	강원
26	11	5	9	5	3	4	29	10
충북	충남	전북	전남	경북	경남	제주	세종	계
6	11	9	9	9	9	3	1	159

*2022년 기준 / *단위: 개소

여성새로일하기센터의 'ONE STOP 취업지원서비스'는 직업상담, 구인구직 관리, 직업교육, 인턴십, 취업창원 지원, 취업 후 사회관리, 경력단절 예방 등을 종합적으로 지원하고 있다.

구분	여성새로일하기센터 업무 내용
직업상담	경력개발 상담 및 집단상담을 통한 직업 자신감 고취
취·창업 연계	인턴지원, 취업 알선 서비스, 창업 유관기관 연계
직업교육 훈련	직업능력 강화 및 취업역량 강화를 위한 훈련 실시
경력단절 예방	여성고용 유지 지원, 직장문화 개선 지원, 경력단절 협력망 구축, 인식개선 사업
취업 후 사후관리	고용유지 프로그램, 여성이 일하기 좋은 기업 환경 구축 지원

여성새로일하기센터의 업무 강도는 비교적 높은 것으로 알려져 있다. 취업 지원이 기본 업무이기 때문에 고

용부 전산프로그램인 고용안전 정보망과 새일센터 사업을 진행하기 위한 e세일시스템을 동시에 사용해야 한다. 만약 여성인력개발센터 내에 있는 여성새로일하기센터라면 여성인력개발센터의 프로그램을 추가로 사용해야 한다. 다행히도 고용안전정보망과 e세일시스템은 대체로 연동되지만 그렇지 않은 사업 입력 업무가 있다. 따라서 두 개의 전산망을 동시에 사용해야 하는 번거로움과 어려움이 있다.

또한 부서별로 취업상담, 실업급여, 기업지원 등의 사업이 구분된 고용센터와는 달리 새일센터는 한 명의 상담사가 모든 영역을 담당해야 한다. 취업상담의 기본 업무는 물론 직업훈련 운영, 인턴십 체결, 구인처 발굴 등 모든 영역을 원스톱으로 관리해야 한다는 뜻이다. 따라서 입사 후 하나의 업무가 아니라 여러 업무를 동시다발적으로 진행해야 하는 어려움이 있다.

그렇지만 여기에는 장단점이 있다. 한 개 부서에서 그 업무만을 담당한 사람은 그 업무는 잘하지만, 다른 업무를 진행할 때에는 어려움을 느낀다. 그러나 다양한 업무를 종합적으로 수행한 사람은 어느 분야의 업무가 맡겨

저도 어렵지 않게 소화할 수 있다. 게다가 여러 업무를 종합적으로 수행해 본 사람은 업무 간 협조와 조율에 능숙하고, 새 사업을 발굴하는 창의성도 발휘할 수 있다. 여러 업무를 종합적으로 수행한 사람이 이후 다른 곳으로 이직하더라도 채용상 유리하고 대처 능력도 탁월할 수 있다.

새일센터는 계약직이 많으며, 1년 계약직 후 연장계약을 하는 곳이 대부분이다. 연봉의 경우는 경력마다 다르다. 대체로 신입직원 초봉은 2,400만 원 내외이며 팀장급의 경우에는 3,800만 원 내외이나 경력직 연봉은 센터별로 차이가 있다. 그러므로 구체적인 연봉은 구인광고를 참고하거나 면접 시 물어보는 것이 좋다.

시니어 취업 지원센터

시니어 혹은 노인취업센터에서는 대상 연령에 따른 취업상담과 구인처를 발굴하여 이후 효율적으로 쓸 수 있도록 일목요연하게 목록을 정리해 놓는다. 그와 동시에 재취업을 원하는 중장년층을 대상으로 실무교육을 진행한 뒤 맞춤형 취업을 알선하여 시니어들의 사회참여와 소득 활동 기회를 제공한다. 지역마다 대상 연령은 차이가 있지만, 만 55~60세 시니어들을 대상으로 사업을 전개하고 있다.

이곳에서 주로 하는 기본 사업은 다음 표와 같다.

구분	시니어 취업센터 업무 내용
직업상담	만 55세 이상의 구직자와 구인업체 상담 및 등록
취업 연계	어르신 취업 적정분야 기업체 발굴 및 방문 협의
취업교육 훈련	취업에 관한 기본교육 연중 진행
취업 지원	구인 업체와 연계하여 취업 알선. 현장 동행 면접 등으로 지원
취업 후 사후관리	취업자와 구인 업체에 대한 지속적인 사후 관리

이 중에서도 취업 알선형은 근로 능력이 있는 시니어에게 적합한 일자리 활동을 지원하여 소득 보충, 건강

개선, 사회적 관계 증진 등 안정된 노후생활 보장을 목적으로 활동한다. 또한 수요처가 요구하면 일정 교육을 수료하거나 관련된 업무 능력이 있는 시니어를 해당 사업체에 연계하고, 알선하여 일정 임금을 받을 수 있는 일자리 국가지원 사업을 한다. 주요 대상 직종은 청소, 경비, 주차, 서비스업이다.

센터에서 운영 중인 시니어 인턴십은 60세 이상자의 고용 촉진을 위해 기업체에 인건비를 지원하여 고용을 계속 유도하는 국가지원 사업이다. 시니어 인턴십에 참여하는 기업에는 인턴지원금, 채용지원금, 장기취업 유지지원금 등을 채용 인원 1인당 최고 240만 원까지 지원한다.

사회 서비스형 사업은 노인의 경력과 역량을 활용하여 사회적 도움이 필요한 지역사회 돌봄, 안전관리 등에 서비스를 제공하는 국가지원 일자리 사업이다. 사업 대상은 65세 이상으로 보육시설에서 교육과정 보조, 급식, 안전지도, 텃밭 가꾸기 등 시니어들이 할 수 있는 보조 일자리이다.

직업상담사의 업무 다이어리

오전 9시 내가 일하는 센터의 홍보를 위해 지하철역으로 나갔다. 약 30분가량 지나가는 행인들에게 센터 관련 전단지를 나누어주었다.

오전 9시 30분 구직자 K씨가 국민내일배움카드를 신청하기 위해 센터를 방문했다. K씨에게 작성할 서류를 주고 그 뒤 관련 은행 방문, 관련 학원 방문 등의 절차를 안내했다. K씨는 절차가 복잡하다며 짜증을 냈다.

오전 10시 K씨의 초기 상담을 진행했다. 20대 후반의

K씨는 4년제 대학교를 졸업했지만, 서너 군데 아르바이트 경력이 전부였다. 막연하게 사무직 일자리를 원한다는 그는 소심한 성격에 자기표현을 잘 못하는 스타일이었다. 게다가 자신의 적성이 무엇인지, 원하는 취업처가 무엇인지도 잘 알지 못했다. 이후 직업적성검사를 해보기로 했다.

오전 11시 K씨의 이력서, 자기소개서 컨설팅을 했다. 게임 업계 취직을 원하고 있지만, 관련 분야의 히스토리는 전혀 보이지 않았다. 왜 게임 업계 취직을 원하는지, 어릴 때부터 지금까지 그 분야 관련 경험이나 노력은 어떤 것이 있었는지 질문을 통해 파악했다. 그 경험들을 엮어서 다시 자기소개서를 쓰도록 컨설팅했다. 머리를 긁적이던 K씨는 힘들어하면서도 자기소개서를 썼다.

오후 1시 K씨의 일자리 정보제공 및 구직촉진 수당 신청을 했다. 그런데 K씨가 내가 제공한 일자리를 탐탁지 않아 했다. 이후 더 나은 일자리 정보 제공을 약속했다.

오후 2시 K씨의 면접 컨설팅을 진행했다. 면접 의상까지 차려입고 오라고 이전에 주문했더니 다행히 말끔하게 양복을 입고 왔다. 미리 뽑아놓은 면접 질문들을 바탕으로 모의 면접을 진행한 뒤 K씨의 답변을 수정해주었다. K씨가 한 번 더 면접 컨설팅을 진행해 달라고 해서 수락했다.

오후 3시 K씨의 직업적성검사와 심리검사를 해석한 결과를 토대로 진로지도를 진행했다. K씨는 뚱한 표정으로 듣다가, 한 번 더 생각해 보겠다며 센터를 떠났다.

오후 4시 30분 K씨의 개인별 구직활동 계획을 수립했다.

오후 5시 30분 국민내일배움카드 발급에 관련한 행정 서류를 고용센터에 보냈다. 그 뒤, 전산에 각각의 상담일지를 작성한 뒤 퇴근했다.

5장

직업인 듯
인생인 듯

미래 사회에 왜
이 직업이 뜨는가?

    지금 우리 주위를 돌아보자. 종이신문은 시골 마을 부동산에서나 볼 수 있는 옛 시절의 유물로 전락했고, 집집마다 놓여 있던 전화기는 휴대전화로 대체됐으며, 사람들의 눈길을 사로잡았던 텔레비전은 유튜브로 대체됐다. 동네 가게에서도 사람들을 반갑게 반기던 사람 대신 주문용 기계가 떡하니 자리 잡았고, 서빙용 로봇이 사람 손을 대신하고 있다.

    오늘날 수없이 많은 일자리가 사라지고 있는 반면, 새로 생기는 일자리 수는 한정되어 있다. 대학 졸업생들은 해마다 사회로 쏟아져 나오지만, 이들이 갈 수 있는 일자리는 점점 더 줄어드는 추세이다. 그럼에도 직업상담사는 미래에도 살아남을 일자리로 손꼽히는 직업 중의 하나이다. 직업상담사가 미래 직업으로 주목받는 이유는 무엇일까?

첫째, 취업과 실업의 문제가 개인의 문제가 아니라 공적 영역으로 들어왔다. 불과 몇십 년 전만 해도 취업과 실업은 개개인의 능력 문제로 치부됐지만, 이제는 사회 구조적인 부분에서 해결해야 할 문제로 취급된다. 우리나라도 실업급여 지급과 국민취업지원제도 등의 제도를 도입함으로써 국민의 취업을 사회복지 차원이자, 나라의 경제, 사회적 문제로 여기고 지원하며 해결해야 할 공적 영역이라는 인식을 하기 시작했다.

둘째, 4차 산업혁명으로 급속한 사회변동이 일어나고 있으며, 직업의 세계도 그 영향을 받고 있다. 따라서 한 사람이 평생 4~5개의 직업을 가진다는 통계가 나오고 있으며, 이는 더욱 가속화될 전망이다. 이 때문에 사람들의 취업이나 전직, 이직 문제는 더욱 많아질 것이며, 공적 도움이 필요한 영역으로 들어섰다. 그러므로 직업상담사의 수요는 더욱 늘어날 것이며, 수요가 있으면 공급 역시 늘어날 수밖에 없다.

셋째, 평생직장 개념은 이미 사라진 지 오래다. '돈을 주는 만큼 일한다.'라는 기브 앤드 테이크 정신이 명확한 젊은이들에게는 평생직장이라는 개념 자체가 머릿속에 들어 있지 않다. 내 즐거움, 내 가치, 내가 원하는 만큼의 돈을 벌고, 다시 다른 곳으로 이동하는 세대가 요즘 젊은이들이며, 미래 세대도 마찬가지일 것이다. 그러므로 취업, 이직, 전직을 담당하는 직업상담사의 역할은 더욱 중요하다.

넷째, 100세 시대가 도래한 만큼 60대에 은퇴해서 20~30년 노후를 즐기는 세대는 이미 사라지고 있다. 40~50대 중년층은 제2의 직업을 갖기 위해 새로 자격증을 따거나 새 직업을 구하는 직업 유목민이 되어가고 있다. 이전 직업을 떠나 새로운 직장, 새로운 자격증, 새로운 직업을 찾아 제2의 인생과 노후 생계를 준비하는 사람들 중에 40대와 50대가 점점 늘어나고 있다. 게다가 이들은 단순한 노후 준비가 아니라 노후 생계를 위해 일해야 하는 절실함과 절박함으로 은퇴 이후의 삶을 준비하고 있다. 예전에는 60까지만 일해도 노후를 즐길 수 있었지만, 이제는 적어도 70, 80세까지 일해야 100세까지 살아갈 생계 준비를 할 수 있다. 그러므로 직업상담사의 역할이 더욱 커질 것으로 전망된다.

넷째, 직업상담사의 역할과 노하우가 중요해지면서 계약직에서 정규직으로의 전환이 빠르게 이루어지고 있다. 초봉은 공무원 수준이었으나 이후 임금 상승폭이 적고 계약직이라는 이유 등으로 한동안 인기가 떨어지기도 했다. 그러나 2021년 직업상담사 취업공고를 분석한 내용[1]을 보면 약 100건의 취업공고 중 정규직이 70퍼센트, 계약직이 30퍼센트였다. 그 분석 내용을 보면 점차 정규직으로 전환되어 가고 있다는 점을 알 수 있다. 계약직이 대세인 요즘 시대에 보기 드문 정규직이며 전문직인 셈이다.

다섯째, 직업상담사로서 실전경험과 실무를 쌓은 뒤 직업상담 실무컨설팅 등 프리랜서로 일하거나 자신의 사무실을 차릴 비전이 있다. 이 같은 점 때문에 직업상

---

1   제이훈의 스마트 사업 관리(https://wellcometokorea.tistory.com) 인용

담사가 전망 있는 직업으로 각광받고 있다.

이외에도 4년제 대학 졸업장만 있으면 시험 응시 자격을 갖출 수 있고, 수험 기간 역시 4~6개월의 비교적 짧은 기간이며, 시험 합격률도 절반 이상 되므로 적은 시간 대비 전문기사의 자격증을 얻을 수 있는 직업 중의 하나이다. 또한 고용노동부 복지플러스센터, 시 · 군 · 구청의 취업정보센터, 공공직업훈련기관, 여성 · 청소년 · 노인 관련 센터에서 일하는 것은 큰 장점이다. 또한 직업 관련 센터가 점점 확충되어 가는 것도 직업상담사에게는 유리한 부분이다. 이는 직업상담사 수요가 점점 확대되고 일자리는 더 늘어난다는 뜻이다. 자격증을 따놓고도 일자리가 없어서 수년간 대기해야 하는 다른 직업과는 달리, 직업상담사는 자격증이 취업으로 곧바로 연결될 수 있는 드문 직업이다. 이것이 미래에도 살아남는 직업으로 손꼽히고 있는 이유이다.

100% 성공하는
직업상담사 전략 6가지

1) 구직자와 라포르를 형성하라

누구나 낯선 사람을 만나면 어색함과 무슨 말을 꺼내야 할지 모르는 난감함을 느낀다. 그렇지만 직업상담사는 업무상 낯선 사람들을 늘 만나야 하는 직업이다. 따라서 직업상담사가 구직자를 낯설어하고 어색해하면 구직자 입장에서 마음이 더 불편하고 자신의 생각을 전달하기도 어렵다.

그러므로 상담의 기술 중에서 가장 먼저 습득해야 할 기술 중의 하나가 '라포르(Rapport, 공감대)' 형성이다. 우리는 낯선 사람을 처음 만났을 때 누구나 편하게 답할 수 있는 질문들을 여러 개 던진다. 보통의 경우에는 날씨나 식사 여부 등을 묻곤 하지만, 직업상담사가 구직자를 처음 만났을 때 물을 수 있는 첫 질문은 "센터까지 오느라고 고생하셨지요?", "댁에서 멀지는 않았나요?"와 같은 말들이다. 상대방을 쳐다보면서 자리에 앉도록 권하고 편안한 어조로 이야기를 나누면 구직자의 마음이 어느 정도 편안해진다.

한번 생각해 보자. 구직자는 취업상담을 하러 직업상담사를 만나러 왔다. 취업을 앞둔 사람은 누구나 불안감과 긴장감을 느끼게 마련이다. 게다가 자신의 스펙이나 경력이 화려하지 않다면 더욱 위축돼 있을 것이다. 그럴 때 상담사가 웃는 낯으로 다가와 일상적인 이야기로 긴장을 풀어준다면 구직자의 마음도 훨씬 편안해질 것이다. 그러고 나서 직업상담사는 구직자를 도와주는 사람이며, 구직자가 하는 이야기들을 다른 곳에 전하지 않는다는 점을 약속하면 점차 마음을 열고 자신의 진심을 털어놓을 수 있는 분위기가 형성된다.

라포르 형성 시 어떤 이야기를 꺼내면 좋을까?

• **초기에는 위협적이지 않은 안전한 주제를 꺼낸다.**

자신의 경험 공유, 날씨, 여정 등에 대해서 이야기한다. 자신에 관해서만 너무 많이 말하지 말고, 상대방이 대답하기 어려운 직접적인 질문을 피한다.

• **상대의 말을 듣고 공유할 경험이나 상황을 찾는다.**

의사소통 초기에서 더 많은 이야기를 하고 다음 이야기로 넘어갈 수 있도록 도와준다.

• **대화에 유머 요소를 가미한다.**

대화에 유머 요소를 가미하면 서로 함께 웃으면서 편해진다. 일상적이고 가벼운 농담은 가능하지만, 구직자와 관련된 농담을 피한다.

• **상담자가 보내는 언어적·비언어적 신호를 의식한다.**

대화를 하는 동안 약 60퍼센트 정도는 상대방과 눈맞춤을 하는 것이 좋다. 상대방의 이야기를 듣기 위해 상대방에게 몸을 기울여 당신이 주의 깊게 이야기를 듣고 있다는 것을 보여준다.

- **상담자가 공감하고 있다는 것을 상대방이 느끼도록 해준다.**

상대방의 관점을 이해하고 때론 상대방의 감정을 알아차린다는 것을 보여준다. 상대방과 공감하기 위해서는 상대방과 같은 느낌으로 이해한다는 것을 상대가 알수 있게 해주어야 한다.

- **심문하듯 공격적으로 말하지 않도록 주의한다.**

처음 대화에서 상대방이 심문받는다는 느낌이 들지 않게 주의해야 한다. 상담자보다도 내담자가 더욱 긴장하고 불안해하고 있다는 것을 의식하고, 내담자가 편하게 느끼도록 분위기를 만들어주어야 한다.

2) 초기 면담의 목적은 정보 수집이다

자신의 이야기를 털어놓는다면 어떤 사람에게 말하고 싶은가? 나를 편하게 대해주고, 신뢰를 주는 사람에게 말하고 싶은가, 고압적인 자세로 나를 긴장하게 하고 심문하듯 질문하는 사람에게 말하고 싶은가? 당연히 전자의 사람에게 자신의 이야기를 털어놓고 싶은 마음이 들 것이다. 이런 관계가 형성될 때 취업 준비를 수월하게 할 수 있고 결과도 더 좋다.

국민취업지원제도를 통해 상담에 나서는 구직자는 취업과 이직을 위해 오는 경우가 대다수이지만, 구직촉진수당을 받으려고 오는 일도 있다. 직업상담사는 구직자가 상담 신청을 한 이유를 정확히 알 수 없으므로 처음부터 구직자의 상담 목적을 예측해서는 안 된다. 그러므로 라포르 형성을 통해 구직자가 자신이 온 목적을 정확히 표현할 수 있도록 한다.

국민취업제도를 통한 초기 면담의 목적은 정보를 수집하는 것이다. 구직자와 라포르를 형성했다면 그다음에는 취업에 대한 구체적인 질문을 통해 구직자로부터 다양한 정보를 얻어내야 한다.

구직자로부터 다양한 정보를 얻어내기 위해서는 적절한 질문을 해야 한다. "취업을 하기 위해서 어떤 계획을 가지고 있습니까?", "어느 분야로 취업하는 것을 생각 중입니까?", "이전에는 어떤 분야의 직장을 다녔습니까?" 등의 질문이다.

구직자와의 면담은 일회성으로 그치는 것이 아니라 6~7회에 걸쳐서 이루어지기도 하고, 수시로 전화 통화를 하기 때문에, 구직자의 믿음을 이끌어내고 친밀감을 형성하면 이 부분은 좀 더 수월해진다. 그리고 첫 취업이거나 전직을 원하는 구직자의 경우에는 직업 선호도 검사를 통해서 새로운 직장이나 비전을 제시할 수도 있다.

3) 공감-관계 지향적으로 면담하라!

구직자가 하는 말을 이해하고 공감해 주면서 경청하고 있다는 것을 언어적·비언어적으로 표현하여 구직자 본인이 이해받고 있다는 느낌을 주어야 한다. 이때 주로 구직자가 하는 말을 다시 말하면서 상담사가 제대로 알아들었음을 알려주고, 상담사가 명확하게 진술해 줌으로써 신뢰감을 주는 것이 중요하다.

직업상담사의 제1원칙으로 라포르 형성을 강조하는 이유는 결국 구직자와 취업이라는 목적을 달성하는 데 필수 요소이기 때문이다. 초기 상담에서 라포르 형성이 어느 정도 되었는가에 따라서 추후 구직자와의 커뮤니케이션이 좌우된다. 구직자와 제대로 라포르를 형성하기 위해서 가장 필수적인 제1조건은 진심을 담아 대화하는 것이다. 영혼 없이 그저 목적만을 늘어놓는 대화와 상대방을 진심으로 이해하고 나누는 대화는 누구나 구분할 수 있기 때문이다. 영혼 없는 대화는 라포르 형성에 전혀 도움이 되지 않는 것은 물론, 구직자가 상담사를 믿지 못하게 하는 방향으로 흘러갈 수 있다.

하나 더 덧붙이면, 상담사는 구직자에게 한 말을 정확하게 지키는 실천력을 보여줌으로써 신뢰 관계를 형성할 수 있다. 상담사가 한 마디 한 마디에 힘을 실어 정확하게 표현해 주고 약속을 지켜야만 상담사도 존중받을 수 있고, 나아가 구직자가 원하는 방향으로 취업을 성공할 수 있다.

4) 연령별 컨설팅 노하우를 터득하라

직업상담사로 입직하고자 하는 사람들의 연령대는 모두 다르다. 갓 사회로 나와서 첫 취업을 하는 청년층, 여러 직업을 거쳐 새롭게 직업상담사가 되려는 중장년층

일 수도 있다. 이들은 자신의 나이와 상관없이 20대부터 70대까지 다양한 연령층의 구직자들을 만난다. 그러므로 낯을 가리지 않고 다수의 사람을 만날 수 있는 사교적인 성격의 사람이 직업상담사에 더 잘 어울린다.

하지만 모든 직업상담사가 사교적일 수는 없다. 여러 사람을 만나 대화하고 수많은 사람을 상대하다 보면 사교성이 키워지기도 하므로 크게 걱정하지 않아도 된다. 다만 연령별 구직자들이 원하는 요구사항이 다를 수 있으므로 다음과 같은 점을 참고하길 바란다.

① 청년층

청년층은 직업 선택에서도 본인이 결정권을 가지고 싶어 하는 경향이 크다 보니 현재의 취업 자리보다는 확실한 '취업 정보'를 더 원한다. 특히 청년층은 스스로 인터넷 검색 능력을 지니고 있으므로 자신이 직접 찾아본 정보도 많다. 그러므로 본인이 몰랐던 '새로운 정보'를 직업상담사가 제공해 주기를 바란다. 이 같은 청년층의 욕구를 해결해 주고 신뢰받는 직업상담사가 되려면 직업 정보와 자료를 잘 검색하고 찾아내 구직자가 잘 모르는 새로운 정보를 제시해야 한다.

요즘 20, 30대는 기존 세대와는 다른 성향을 지니고 있다고 평가된다. 어릴 때부터 '학교-집-학원'을 오가는 생지옥 같은 무한경쟁 속에서 학습하며 맛본 패배감이 뼛속 깊이 자리 잡아서 어른이 된 뒤에도 그대로 나타나는 경우가 종종 있다. 아무리 노력해도 나보다 나은 친구를 따라잡을 수 없다는 열패감을 느끼고, 경제력과 정보력을 모두 갖춘 부모의 전폭적인 지원으로 일취월장하는 친구를 볼 때면, 깊은 좌절감을 느끼는 경우도 많다.

청소년기에 무한경쟁을 반복하면서 느낀 좌절감은 사회로 나와 취업 실패 등의 경험을 반복하면서 더욱 굳어진다. 금수저가 아니면 '취업-연애-결혼-자녀부양-행복한 노후' 등의 일반적인 인생 경로를 걸을 수 없음을 한탄하고, 자신의 취업 실패 원인을 모조리 사회구조 탓으로 돌리기도 한다. 청소년기에 자신의 부모가 자신에게 제공했던 물질적 안정감을 얻을 수 없다는 좌절감과 실패자 인식은 결국 주식, 코인 투자 등의 한탕주의로 빠지는 데 일조했다. 다른 한편으로는 성공한 사람들의 이면에 숨겨진 어마어마한 노력을 등한시하고, 큰 노력 없이 막연히 성공하기만을 바라는 안일함을 보이기도 한다.

　무한경쟁 사회 속에서 취업의 문턱이 늘 공정하기를 하라며, 한편으로는 생존 의식이 투철하다. 그런가 하면 부모가 자신들에게 주었던 안락한 환경을 자신들의 힘만으로는 만들 수 없다는 좌절감을 느끼면서도 그 안에서 자생력을 원하기도 한다.

　현대를 살아가는 젊은이들, 특히 취업 준비생들은 세계 불황과 인공지능 시대를 접하면서 불안감을 느끼며 수많은 자격증 취득에 열을 열린다. 또는 다른 경쟁의 길인 공시생으로 돌아가는 길을 택하는 이들도 아주 많다. 그러면서도 치열한 경쟁사회에서 아무리 노력해도 자신에게 열리지 않는 취업의 문 앞에서 좌절하는 청년층이 많다. 이들에게 취업 의지를 불어넣고 취업 활동을 열심히 하도록 독려하는 것도 직업상담사의 몫이다.

② 중장년층

　중장년층은 자신의 직업 선호도를 잘 모르는 청년층

과는 달리 자신들이 선택할 수 있는 '구체적인 취업 자리'를 요구하는 경우가 대부분이다. 중장년층의 경우는 신입직원으로는 들어갈 수도 없고, 본인이 지금까지 해왔던 경력을 바탕으로 재취업해야 하는 경우가 많으므로 보통 자신의 한계를 잘 알고 있다.

게다가 당장 가족의 생계를 책임져야 하므로 시급히 재취업을 원하는 경우가 많다. 그러므로 중장년층은 본인이 만족할 만한 취업 자리를 눈앞에 보여주어야 만족도가 크다. 경력 중심의 일자리를 제공해 주고, 이직을 원하는 경우에는 나이, 경력, 스펙, 직접적인 업무 능력 등을 정확히 파악해야 취업 매칭 성공률이 높다.

게다가 나이가 어린 직업상담사는 중장년층 구직자를 대하기 어려워한다. 사회 경험이 풍부한 중장년층 구직자가 간혹 나이 어린 상담사를 무시하는 일이 있기 때문이다. 따라서 연령과 성향에 따라 직업상담사의 마음가짐을 달리하면 상담을 조금 더 전문적으로 이끌어갈 수 있다. 이를 위해서는 직업상담사가 명확한 직업의식, 정확한 정보, 제대로 된 전문지식을 갖추어야 한다. 비록 나이가 어리고 경험이 부족해도 전문적인 지식과 정보를 풀어놓는다면 구직자는 상담사를 단순히 채용 정보를 매칭해 주는 사람이 아니라, 자신에게 도움을 주는 전문가로 인식하기 때문이다.

5) 공부, 또 공부가 답이다

실력 있는 직업상담사가 되기는 그리 쉽지 않다. 어느 분야의 실력자가 되기 위해서는 당연히 다른 사람들보다 더한 노력이 필요하다. 다른 누구도 따라오기 힘든 전문 직업인으로 재탄생하기 위해서는 공부에 공부를 더하는 수밖에 없다. 상담 기법에 대한 훈련을 받거나 직업 선호도 검사에 대한 해석을 공부하는 것 역시 중요하다. 이력서 면접 컨설팅을 제대로 하기 위해서는 그 부분에 관한 공부도 필요하다. 이처럼 업무에 관해 필요한 공부와 노력이 합쳐져야 전문적인 직업상담사로 일할 수 있다.

가슴에 손을 얹고 자신에게 얘기해 보자. 고만고만한 직업상담사가 될 것인가, 전문 직업상담사로 재탄생할 것인가. 답은 결국 스스로의 선택과 노력에 달려 있다.

6) 그날 일은 그날 다 처리하라

한 명의 직업상담사가 담당하는 구직자의 수는 평균 100명이다. 한 구직자당 대면 상담의 횟수는 적어도 4~5회, 때로는 6~7회 이상이 될 수도 있다. 이력서나 면섭 컨설팅을 해주는 것까지 포함하면 사실 직업상담사의 하루는 늘 빡빡하고 시간에 쫓긴다. 여기에 상담 리포트를 작성하고 구직촉진 수당을 신청하는 것은 물론, 취업 정보를 검색하고 전화 상담까지 하다 보면 하루 8시간 업무가 여유로울 리 없다. 이런 이유로 많은 직업상담사들은 일에 쫓겨 처음 찾아온 구직자에게 웃으면서 라포르를 형성할 여유가 없다고 말하기도 한다.

온종일 상담하고 나면 퇴근 시간이라는 말이 있을 정도다. 그래서 그날의 상담 내용을 작성하는 것이 고되게 느껴지기도 한다. 그렇지만 오늘 할 일을 내일로 미루고 나면 내일은 그만큼의 일거리가 더 쌓이게 된다는 사실을 꼭 명심해야 한다. 직업상담사 업무를 정확하게 해내기 위해서는 오늘 할 일을 내일로 미뤄서는 안 된다. 오늘 할 일은 꼭 오늘 안에 처리하고 끝내자.

직업상담사를 남보다 잘하기 위한 4가지 방법

1) '역전이'를 하지 마라

구직자마다 상황이나 조건이 모두 다르다. 구직자 중에는 절박한 상황에 처한 사람들도 많다. 그런 사람들일수록 직업상담사를 붙들고 하소연하거나 도를 넘을 정도로 의지하려 한다. 직업상담사 입장에서는 구직자들이 하루라도 빨리 원하는 회사에 성공적으로 취업하기를 바랄 수밖에 없다. 그렇지만 직업상담사가 자신의 역할을 제대로 하기 위해서는 명확한 역할 규정을 하는 것이 중요하다.

직업상담사도 한 명의 직장인이다. 직업상담사는 구

직자들을 도와 직업 관련 정보를 제공하고, 그들에게 알맞은 직업을 찾아주고, 필요할 경우 이력서나 자기소개서를 잘 쓰도록 컨설팅해 주는 역할을 한다. 물론 구직자들에게 취업 의욕을 일으키는 역할도 해야 한다. 하지만 직업상담사가 구직자들을 대신해서 모든 일을 처리해 줄 수는 없다. 취업을 하는 것도, 자신이 원하는 조건의 직장에 들어가서 제 몫을 해내는 것도 결국 구직자가 해야 할 일이다.

직업상담사는 그들에게 도움을 주는 역할로 남아야 한다. 구직자의 상황에 함께 휩쓸려 감정적으로 흔들리면 안 된다. 정신과 의사가 상담받는 내담자에게 영향을 받아 그의 감정에 휩쓸리는 것을 '역전이(逆轉移, countertransference)'라고 한다. 직업상담사 역시 '구직자 역전이'를 조심해야 한다. 직업상담사는 자신의 자리에서 구직자가 원하는 조건을 참고해 취업처에 제공하고, 취업에 성공하도록 컨설팅해 주는 역할임을 잊지 말아야 한다.

2) 일을 집에 가져가지 마라

직업상담사로 오래 일하고 직장인으로서의 자세를 유지하려면 남은 일거리를 집으로 가져가지 않는 습관을 길러야 한다. 직업상담사 역시 직장인이다. 직장인으로서 오래 일하고, 일하는 동안 역할을 잘 해내려면 하루의 업무는 직장 내에서 끝내야 한다. 업무는 직장 안에서 처리하고, 집으로 일거리를 가져가지 않는 습관을 길러야 한다. 그것이 성공적인 직장생활을 유지하는 중요한 비결 가운데 하나이다.

3) 직업상담사가 모든 걸 해줄 수 없다

구직자들마다 여러 가지 사연을 가지고 있다. 취업 의지가 없는 구직자들을 만나는 경우도 간혹 있지만 절박한 경우가 대부분이다. 자신들의 절박한 사정을 하소연하고 위로받길 원한다. 특히 초보 직업상담사는 구직자들의 사정과 상황을 듣고 이리저리 뛰어다니며 문제를 해결해 주기 위해 모든 힘을 쏟아붓는 경우도 많다.

그러나 이것은 전문가의 자세는 아니다. 직업상담사는 구직자의 모든 상황을 해결해 주는 해결사가 아니다. 직업상담사가 모든 것을 대신해 줄 수는 없다. 구직자들에게 취업 의지를 불어넣어야 하지만, 구직자가 해야 할 일과 직업상담사가 해야 할 일을 정확히 구분해야 한다. 그러므로 구직자가 해야 할 일은 분명하게 얘기해 주고, 그다음 직업상담사가 도움을 줄 수 있는 부분만 제대로 해야 한다. 구직자의 모든 일을 직업상담사가 해결해 줄 수는 없다. 직업상담사는 심리상담사가 아니다. 따라서 본인 스스로 직업상담사의 역할 규정을 제대로 하고, 어떤 부분을 담당해야 하는지 자신만의 기준을 가져야 한다.

4) 자기만의 스트레스 해소법을 지녀라

직업상담사는 하루에도 수없이 많은 사람을 만나고, 전화통을 붙들고 산다. 사람들과 많이 만나는 사람들은 어쩔 수 없이 스트레스를 많이 받는다. 구직자들은 대체로 불안감, 성급함 등을 지니고 있다. 취업에 절박한 사람들일수록 어둡고 우울한 경우가 많다. 때로는 비관적인 생각을 지닌 구직자들과 오랜 시간 면담한 뒤 상담사 본인도 우울해지기도 한다.

그러므로 직업상담사는 퇴근해서 집으로 돌아갈 때는 업무 중 받은 우울감과 불안감을 모두 내려놓고 가야 한다. 굳게 마음을 먹어도 모든 것들을 내려놓고 퇴근하기 어려울 때도 많다. 그러나 건강한 직장생활을 하기 위해서는 직업상 겪는 스트레스를 적절히 풀어야 한다. 영화 감상, 음악 감상, 운동, 독서 혹은 여타 색다른 취미 등 자신만의 스트레스 해소법이 있으면 좋다.

브라보 마이 라이프,
한 단계 더 업그레이드

중장년의 나이가 되면 어느 한순간 열패감과 허탈감을 느낀다. 자기 삶과 가정을 꾸려나가기 위해 무조건 앞만 보고 달렸는데, 어느 순간 사회로부터 멈춰 서라는 경고를 받는다. 평생 해온 일의 능력이나 감이 떨어지는 것 같고, 결국 소외되어 직장을 떠나기도 한다. 졸지에 새로운 일을 구해야 하는 암담한 현실의 벽 앞에 무기력하게 내던져지는 꼴이다.

그렇다고 해서 뒤돌아볼 수만은 없다. 이제 누구나 100세 시대를 준비해야 한다. 중장년은 인생에서 딱 절반의 발걸음이다. 이 순간, 선택해야만 한다. 뒤돌아보며 좌절할 것인가, 제2의 인생을 준비해서 활기차게 살아갈 것인가? 무릇 선택은 오롯이 자신의 몫이지만, 결국 되돌아갈 수 없다면 돌아보지 말고 앞으로 나아가야 한다.

100세 인생에서 중년층은 자기 삶을 한 단계 더 업그레이드해야 하는 절묘한 타이밍이다. 잠시 멈춰 서서 남은 절반의 삶을 어떻게 살아갈 것인지 숙고해 봐야 하는 중요한 순간이다. 바로 지금, 이 순간의 선택이 남은 절반의 발걸음을 떼는 첫걸음마가 된다. 스스로에게 물어보자.

- 남은 절반의 삶은 어떻게 살 것인가?
- 무엇을 위해 살 것인가?
- 내가 원하는 행복은 무엇인가?
- 어떤 것이 잘 사는 길이며, 어떤 삶이 행복한 것인가?
- 나의 행복을 위해 어떤 노력을 해나가야 할 것인가?

잘 사는 길이나 행복한 삶의 정의는 사람마다 모두 다르다. 그럼에도 행복의 기본 조건은 흡사할 것이다. 가장 기본적으로 먹고사는 걱정이 없어야 하고, 적당히 일하고, 적당한 여유를 즐길 수 있는 삶을 꿈꿀 것이다. 그런 가운데에서도 자신이 추구하는 삶의 가치를 이루는 행복도 놓치고 싶지 않을 것이다. 따라서 내가 추구하는 삶의 가치가 무엇인지에 따라 나아갈 방향성도 달라진다.

어떤 사람은 부자가 되는 것에 삶의 가치를 둔다. 어떤 사람은 자신의 명예를 드높이는 것에, 어떤 사람은 자유로운 삶에, 어떤 사람은 권력을 지니는 것에 삶의 가치를 둔다. 이 책을 읽는 당신은 어떤 삶을 원하는가? 인생의 길에서 잠시 멈춰 선 지금, 다시 한번 스스로에게 물어야 한다.

성공적인 전업이 나의 자존감을 높인다

오랜 시간 다니던 직장에서 명예퇴직을 해야 할 때, 아래에서 밀고 올라오는 후배들에게 경쟁력에서 밀린다고 생각할 때, 평생 한 방향으로 달려왔는데 이제 다른 방향을 선택해야 할 때 후회와 좌절감이 밀려온다. 그러나 이때가 바로 내 인생의 방향을 새로 설정할 절호의 기회이다.

물론 이전과는 어느 정도 다를 수 있다. 내가 했던 일,

쌓아온 경력, 이전에 받았던 월급의 수준, 쌓아 올려둔 명예는 모두 그 자리에 두고 와야 할 수도 있다. 세월의 무게와 시대의 변화상을 받아들여야만 한다. 지금의 나이에서 선택할 수 있는 것 중에 나에게 잘 맞는 일, 내가 선택할 수 있는 일을 적극적으로 찾아야 한다. 성공적인 전직은 새로운 즐거움과 설렘, 새 의지를 솟구치게 한다.

새로운 일은 100세 인생을 준비할 수 있어야 한다. 그 갈림길에서 나는 과연 어떤 길을 선택할 것인가? 내 선택에 따라서 나의 중장년과 노년이 결정된다. 성공적인 전업을 통해서 그저 지겨운 밥벌이가 아니라, 인생의 즐거움을 만끽하고 삶의 보람을 찾을 수 있다. 이렇게 찾은 제2의 직업을 통해서 제2의 인생을 살아나갈 수 있다.

남을 돕는 일은 자긍심을 북돋아 준다

중년의 나이는 자신이 여태까지 살아왔던 삶을 반추하는 시간이다. 성공과 명예를 얻기 위해서 몸과 마음을 불살라 왔지만 허탈함을 느끼면서 새로운 삶을 모색하게 된다. 무조건 앞만 보고 직진해 왔지만 그 끝에서 지치고 힘들어하는 자신을 발견하게 된다. 결국 잘나가던 의사직을 벗어던지고 갑자기 아프리카로 떠날 수도 있고, 경쟁사회에서 벗어나 자연인의 삶을 선택할 수도 있다.

이럴 때 자신도 성장하고 다른 사람의 성장을 돕는 일을 해보면 어떨까? 다른 사람의 성장을 돕는 일이 오히려 자신을 돕는 일이다. 사람은 참으로 이기적이면서도 동시에 이타적인 존재이다. 다른 사람을 도우면서 느끼는 즐거움, 뿌듯함, 보람이 결국 자신을 살리는 모순적인 상황으로 우리를 이끌기도 한다. 중장년까지 자기 자신만을 위해 살아왔다면, 이제부터라도 남을 돕고 살리면서 자신 역시 새로 태어나 성장해 보면 어떨까.

100세 시대를 대비하는 미래 직업

우리 앞에 100세 시대라는 화두가 던져졌다. 60대에 은퇴해 기존 직업과 인간관계에서 벗어나는 노후는 이전 세대의 방식이다. 현재 40, 50대는 남은 삶을 어떻게 대비해야 하는지, 어떤 삶을 살아가야 할지를 결정해야 하는 나이가 되었다. 60대에 은퇴하던 이전 세대와는 달리, 이제는 70, 80대에 은퇴하는 시대가 되었다. 그러므로 자기 주도적으로 건강과 경력을 관리하면서, 이후 삶과 직업을 꼼꼼하게 준비해야 한다.

중장년층이 미래 직업을 준비하기 위해서는 다음 몇 가지를 고려해야 한다. 지금까지 준비한 경제적 상황, 건강 상태, 내가 지금 선택할 수 있는 직업군, 직장이나 창업 고려, 자격증 유무 등을 전방위로 생각하면서 전직을 준비해야 한다. 거기에 미래 사회에서 살아남을 수 있는 직업을 선택하는 것이 최선이다. 그러기 위해서는 미래 사회에서도 주목받으면서, 시니어가 손에 쥘 수 있는 직업군을 선택해야 한다.

현실적으로 제2의 직업을 선택하기 위해서는 고학력, 고스펙, 고연봉을 받았던 지난날은 머릿속에서 깨끗이 지워야 한다. 육체적, 정신적 노화를 인정해야 한다. 삶의 연륜에서 나오는 지혜는 더욱 깊어졌다고 해도, 반응 속도가 느리다는 점을 고려해서 선택할 수 있는 직업을 택해야 한다.

시니어들에게 추천하는 직업군으로는 직업상담사, 심리상담사 등의 상담직이나 미술관, 박물관, 기념관, 숲, 문화재를 해설하는 도슨트, 등하원 도우미, 문화해설사,

동화구연사, 요양보호사 등이 있다. 여기에 덧붙여 지난 날의 경력과 노하우를 바탕으로 주식, 직업, 경영 등의 컨설팅 전문가로 거듭나는 것도 좋은 선택이다. 그 외에도 해외무역, 관세사, 국제무역사, 물류관리사 등의 새로운 방향으로 눈을 돌려보는 것도 괜찮다.

직업 컨설팅 전문가로 거듭나자

국민취업제도가 등장한 지 10년이 되었다. 국민취업 제도를 운영하고 정착시킬 수 있었던 데는 직업상담사들의 힘도 크다. 그럼에도 불구하고 직업상담사를 기피하게 만드는 여러 요인이 있다. 그중에 대표적 요인으로는 계약직, 불안정성, 박봉, 센 노동 강도, 불투명한 미래 등이 있다.

현재의 모습을 보면 이런 문제들을 모두 부인할 수 없다. 그러나 '직업상담사'라는 직업은 날이 갈수록 진화하고 있다. 대다수가 계약직이었던 이전과는 달리, 점점더 무기계약직 정규직으로 바뀌어가는 추세이다. 낮은 연봉은 아직 크게 해결되지 않았지만, 계약직에서 정규직으로 바뀌고 있으므로 연봉 인상은 필연적으로 따라

올 것이다.

노동 강도가 센 부분은 직업상담사의 수요가 점점 더 커지면서 채용이 점점 늘어날 것이므로, 한 사람이 해왔던 일을 여러 사람이 나누면 일부 해결될 것이다. 미래가 불투명하다는 부분은 계약직이라는 점 때문에 얻게 된 오명이지만, 이 역시 정규직으로 전환되면서 점차 달라질 것이다. 아울러 미래 사회에는 취업이나 전업이 더욱 활발해질 테니 직업상담사가 가졌던 오명은 자연스럽게 해소될 것이다.

만약 직장인으로서의 미래가 불투명하다는 판단이 선다면, 더 많은 공부를 하거나 경험이나 스펙을 쌓아서 프리랜서로 활동하거나 전문 직업 컨설팅 회사를 차릴 수도 있다. 바로 지금이 직업 컨설팅 전문가로 거듭날 수 있는 절호의 기회이기도 하다. 경험과 경력을 쌓고 전문적인 공부를 함으로써 직업 컨설팅 전문가로 나설 수 있기 때문이다. 앞으로 몇 년 사이에 커리어 컨설턴트 혹은 직업 컨설팅 전문가는 '미래 사회에 살아남는 직업'으로 주목받을 것이다. 직업 컨설팅 전문가로 나아가려면 바로 지금이 적기이다!

시니어의 직업상담사
공략 노하우 7가지

❶ 친근한 이미지로 다가서되 꼰대 마인드는 버려라

영화 〈인턴〉을 본 적이 있는가? 로버트 드니로가 연기하는 시니어 인턴은 젊은 CEO 앤 해서웨이에게 진심을 담아 조언을 해준다. 젊은 CEO는 아버지처럼 친근하고 푸근하지만 꼰대 마인드는 없는 시니어 인턴에게 결국 마음의 문을 열고, 진정으로 의지하게 된다. 수많은 경력과 연륜, 거기에 따뜻하고 친절한 인품은 시니어가 지닌 최고의 장점이며, 이는 모든 세대에게 다가갈 수 있는 진정한 삶의 무기이다.

❷ 수십 년의 직업 노하우와 인맥을 활용하라

시니어는 대부분 수십 년간 쌓은 직업 노하우는 물론, 그에 따른 사회 경험이 풍부하다. 이는 직업을 구하는 구직자들에게 좋은 길잡이가 되어준다. 이전 직장의 인사과에 수십 년 근무했던 시니어 직업상담사가 이력서, 자기소개서, 면접 클리닉의 대부로 거듭나는 것은 당연지사다. 오랫동안 쌓아왔던 직업 노하우와 인맥을 활용한다면 능력 있는 직업상담사로 자리매김할 것이다.

❸ 컴퓨터 프로그램을 배우자

시니어들에게는 새로운 컴퓨터 프로그램을 배우는 일이 특히 어렵게 느껴진다. 그러나 배우고 반복해서 연습하면 안 되는 일이 없다. 직업상담사는 컴퓨터 프로그램을 활용해야 하므로 미리 교육받고 가는 것이 유리하다.

❹ SNS 활용법을 익히자

현대사회의 홍보 수단은 SNS이다. 내가 하는 일이나 사업을 홍보하려면 사람들이 많이 몰리는 곳으로 가는 것은 당연지사! 인스타그램, 페이스북, 유튜브, 블로그

등 SNS 활용법을 배우자.

❺ 오랜 기간 쌓아온 입담으로 강사로 발돋움하자

센터나 컨설팅 업체를 찾아오는 구직자들을 일대일로 상담하는 직업상담사가 많다. 여러 사람을 대상으로 직업상담을 하는 강사가 된다면 특화된 전문가로 업그레이드될 수 있다. 오랜 기간 쌓아온 입담을 맘껏 뽐내보자!

❻ 시니어를 위한 전문가가 되자

시니어의 마음은 시니어가 안다. 아예 시니어 전문 업체로 창업하는 것도 좋은 방법 중의 하나이다. 초고령화 사회에 발맞추어 시니어 전문 직업상담사가 되자.

❼ 시니어를 중심으로 한 새 프로그램을 기획하자

누구나 다 하는 직업상담은 너무 뻔하다. 새로운 프로그램을 만들어 날개를 펼쳐보자. 자신만의 인맥을 이용해 구직자들에게 직접 멘토링을 해주는 취업 관련 상담 프로그램도 나와 있고, 현직자가 멘토링을 해주는 인터넷 사이트도 있다. 내 강점과 무기를 접목해 새로운 아이디어로 새 프로그램을 기획하여 독보적인 직업상담사로 거듭나자.